実践イラスト版

スローセックス完全マニュアル

セックス・セラピスト
アダム徳永 著

講談社

セックスは神様が人間にくださった最高のギフトです。

はじめに

恋人や夫、妻はいるのに心の底から気持ちいいと思えるようなセックスができない。そんなとき、あなたならどうしますか？　ほかの人はどうしていると思いますか？

私が観察するに、日本人のほとんどは、セックスのトラブルに遭遇したとき、悩むことはしても、それ以外のことは何もしていません。何もしないから解決できないのです。人は、寒ければ服を着ます。それでもまだ寒ければもっといっぱい服を着るし、火も焚《た》くし、お酒を飲んでカラダを温める。暑ければ服を脱ぎます。それでもまだ暑ければ、団扇《うちわ》であおいだり、クーラーを付けたり、庭先に打ち水をしたり、避暑地に出かけたりするでしょう。人間は、脳に寄せられた〝皮膚感覚の苦情〟を、どう対処すればよいのかいろいろと考えて、創意工夫という人間の英知で解決していく能力を持っているのです。しかし、暑いときや寒いときには普通にできることが、セックスが「気持ち良くない」という、その人の心にまで悪影響を及ぼす重大な〝不快さ〟を感知したときに限って、突如として機能停止してしまう現状を、私はとても不思議に思います。

私が、セックス・セラピストという仕事を始めたきっかけは、今から15年ほど前の話になりますが、当時アメリカでしていたマッサージ師の仕事を通じて、女性の性感が持つ底知れぬ奥深さに気づいたことです。それからの私は、マッサージ的な肉体の心地良さと、性的な快感の共通点と相違点を総点検することに始まり、まさにさまざまな創意工夫と試行錯誤《しこうさくご》を重ねて、現在、セックススクールで受講生の皆さんにお教えしているアダムテクニックの原型にたどり着きました。そのとき、私が見たものは、当初に垣間見た女体の神秘を、はるかに超越した女性のカラダの官能美でした。淑女の方々の普段は決して見せない、いえ、恋人や夫の前でさえも見せたこともないであろうエロティックな肉体の躍動と、自然と涙が流れ落ちるほどの心の感激。私が編み出したテクニックは、いかなる女性にもその効果を遺憾なく発揮しました。誰もが、個性豊かな官能のダンスを私の目の前で披露してくれるのです。私など一生かかっても手が届かない高貴な地位にある女性が、愛の言葉を囁《ささや》いてくれることもありました。

男性の皆さんなら同じ男としてわかっていただけると思うので、恥を忍んで告白しますが、そのときの私は、おこがましくも、女性のカラダと心を支配できる全能感とでも呼ぶべき感覚に、有頂天になりました。しかし、それからほどなくして私は、愕然《がくぜん》とするのです。なぜなら、私自身がこれまでしてきた、いえ、してこなかった〝男としての怠慢〟に気づいたからです。すべての女性が持つ、真の潜在能力に触れてから自分を振り返った時、昔の私が愛のあるセックスだと信じて実践していた行為は「おままごとでしかなかった!」と悟ったのです。

昔の私のような男性は世の中に何人いるのだろう。そんな男性がパートナーであるばかりに、女性としての本当の歓びと幸せを感じることができないでいる女性は一体どれほどいるのだろう。気持ちいいセックスができないことによって、セックスそのものから遠ざかっている人たちの数は……。私が、日本初となるセックススクールを開校したのは、そんな思いからでした。

セックススクールａｄａｍをスタートさせて４年ほどになりますが、受講生の方々、つまり一般の男女に共通するのが、冒頭の「悩むだけで何もしない」という現実です。良くも悪くも日本人のセックスで主導権を握っている男性でさえ、「気持ち良くなれない」という壁の前に、受け身になってしまっているのです。野球でもサッカーでも守ってばかりでは点は取れません。

今まで日本人の男女が、自信を持って攻めのセックスができなかった理由のひとつが、これまで日本に正しいセックスの教科書がなかったことです。どうぞ、本書を教科書にしてください。声を大にして言いますが、既存のセックス指南書や、週刊誌などに書かれているマニュアルのほとんどは間違いだらけです。本書では、今まで日本人の多くが、それが普通だと信じていた〝非常識〟の数々を、随時正しながら、本当に気持ちいいセックスをするための〝正しい常識〟を、図解入りで詳解しました。常識を身につけて、正しく実践すれば、必ず今まで経験できなかった気持ちいいセックスができるようになります。本書には、あなたが、自信を持ってスローセックスに臨むための基本事項をすべて網羅できたと自負します。

確かな愛の技術は、今のあなたからは想像できないほどの、自信と幸福を、あなたの人生に与えてくれるでしょう。

何も難しいことはありません。さぁ、一緒に学んでいきましょう。

目次

第一章

気持ち良くて幸せになれるスローセックス

幸福になるために、人はセックスをする

食欲、睡眠欲、性欲が、人間の〝三大欲望〟と呼ばれることは、中学生でも知っている知識です。この3つは、人間が生きるために必要不可欠な原始的な本能であるために、こう呼ばれるのですが、果たして皆さんは、食べること、寝ること、そしてセックスすることを、どれほど自分にとって大切なこととして意識しながら人生を過ごされているでしょうか？　普段、あまり意識したことがなかったという人は、ぜひこの機会に考えてみてください。というのも、すべての人間のＤＮＡに刻み込まれている本能について、その解釈は人それぞれとしても、ちゃんと自分なりの答えを出している人と、深く考えることもなく無自覚にただ日々の生活に追われている人との間には、人生の幸福感や充足度に大きな格差が生じるからなのです。

考えていない人の類型的な意識をシミュレートしてみましょう。多くは、「食べなければ死んでしまうから食べる」「眠らなければ死んでしまうから眠る」というものです。間違っているとは言いませんが、〝死なないために〟ということが最大の動機となるなら、性欲に関しては、「別にセックスしなくても死ぬことはない」という、とても寂しい結論が導き出されてしまうことになります。このような考え方の人に、では、なぜ人はセックスをするのですか？と聞いて、返ってくるのは「子孫を残すため」といった、保健体育的な回答です。これも間違っているわけではありません。間違ってはいませんが、死なないために食べ、死なないために眠り、種の存続のた

めにセックスをする、というのでは動物と同じです。

動物の交尾をセックスとは呼びませんよね？　セックスをするのは人間だけです。両者の最大の違いは、人間のセックスには快楽が伴うことです。快楽以外にも、愛、癒《いや》し、潤いなど、人間だけが持つさまざまな心地よい豊かな感性が何重にも折り重なって、人生を幸福に導いてくれるのです。

問題は、今、現代人のセックスが、幸福とはほど遠い行為に成り下がっていることなのですが、セックスの価値観の下落は、〝死なないために食べ、死なないために眠る〟という、ある意味本能だけがむき出しとなった、貧しい感性と決して無縁ではありません。

先ほど、人間の欲望について自分なりの明確な考えがある人とない人では、両者の幸福感に大きな格差があるという話をしました。これは、食生活（食欲）を例に説明するとてもわかりやすいと思います。豊かな食生活を送っている人。それはどんな人だと思いますか？　もちろんおいしい料理を食べている人ですよね。では、どうすればおいしい料理を食べられると思いますか？　お金持ちになるとか、料理の上手な人と結婚するとか、方法はいろいろとあるでしょう。しかし豊かな食生活を手に入れるための出発点は実はたったひとつです。それは、〝おいしいものを食べるために生きている〟という考え方なのです。逆に、〝食べないと死ぬから食べる〟という人は、ただお腹が膨れることが第一の目的になりがちです。安くて量が多いのが一番！　普通に出された料理に、ソースやマヨネーズをドバドバとかけ、思いっきり口に入れて炭酸飲料で流し込む……。それはもう、動物がエサを食べているのと同じことなのです。最近は、通勤や通学に使われる公共の電車の中で、周りの人などお構いなしに、おにぎりやハンバーガーを平気で食べる人をよく見かけますが、もはや食生活とも呼べない浅ましい行為です。人間らしい感性などどこにも感じられません。もっと言えば、どんなに美人でスタイルのいい女性であっても、そんなお行儀の悪い人と、私はセックスをしたいとは思いません。人間らしい素敵なセックスができるとは到底思えないからです。

人間らしい豊かな食生活を送るためには、食べ物を〝エサとして食べない〟という、いわば動物的な本能から一歩距離を置くことがとても重要なことなのです。なぜなら、〝人間らしさ〟というものは、生まれた時から備わっているものではなく、知識や経験などの蓄積によって、育んでいくものだからです。それは〝感性の萌芽〟と言い換えてもいいでしょう。食事は、味だけではなく、味覚、視覚、触覚、嗅覚、聴覚の五感を総動員することで、そのおいしさは何倍にも膨らみます。そして何倍にも膨らんだ先には、人間だけが感じることのできる幸福感が存在しているのです。

これはセックスもまったく同じです。結論から先に言えば、人間は幸福になるためにセックスをするのです。セックスとは、神様が人間だけに与えてくださったプレゼントなのです。人間と動物の違いは、人間のセックスのほとんどが生殖よりも快楽に重点を置いた愛の行為であり、女性の全身が性感帯であるという紛《まぎ》れもない真実からも歴然としています。

もしもあなたが、「別にセックスなんて、しなくても死なないし」という考えの持ち主ならば、私はこう言いたい。セックスが生きていくためにとても大切で素晴らしい行為だということを知らずに生きているのだとすれば、それは生きていないのと同じこと、だと。

さて、多くの人たちが、快楽に重点を置きながらセックスをしているにもかかわらず、全身が性感帯であるはずの女性たちから、セックスに対する不満の声が噴出している現状はなぜなのでしょうか？　それは、特に男性がセックスを、〝オスの本能〟としてしか捉《とら》えていないからです。本当に気持ち良くて幸福感に包み込まれるようなセックスをするためには、テクニックもそうですし、セックスに対する考え方もそうですが、性欲と一歩距離を置くことがとても大切なのです。官能小説などでは、むき出しの性欲と性欲が火花を散らすような激しい描写がたびたび書かれます。確かに男女の性的興奮が常にマックス状態となっていれば、次章から紹介する私が開発したセックステクニックがなくても、満足のいく素晴らしいセックスができるでしょう。しかし、現実の人生の中で、そんな絵に描いたように好都合なシチュエーションに、何回巡り合えるものでしょうか？　幸運にも情熱的なセックスが経験できたとして、同じパートナーと、その時を超えるような強烈で濃厚な快感を、２回目以降もずっと継続させる自信はおありですか？　まず不可能ですよね？

偶然の幸運が、常に再現されるほどセックスとは単純なものではありません。この事例から、強烈な快感のみを追求することの愚かさを教訓として学ばなければいけないのです。そして何より、〝愛し合う男女が幸せになるための行為〟であるはずのセックスが、そうなっていないのは、目先の快楽に走ってしまう、特に男性の短絡的で動物的な性欲にこそ原因があるということを知らなければなりません。

私が提唱するスローセックスは、14年の歳月と、1000人以上の女性の協力を得て構築したものです。というと、何か難解なセックスのように思われるかもしれませんが、スローセックスは特別でも特殊でもありません。性メカニズムの正しい理解があれば、極めて常識的だと納得していただけることばかりです。私に言わせれば、今、皆さんが、「これがフツー」だと信じているセックスこそ、非常識の塊なのです。イカせたくてもイカせられない男性と、イキたくてもイケない女性が、増加の一途を辿《たど》っている日本の現実が、既存のセックステクニックが間違いだらけであることの何よりの証拠です。

間違った常識と固定観念をリセットして、私の言葉に耳を傾けてください。

えっ⁉　まだ〝ジャンクセックス〟なのですか？

今、皆さんが「フツー」だと思っているセックスの、最大の間違いは何だと思いますか？　それは、セックスにかける時間です。当スクールの男性受講生にアンケートをとったところ、前戯15分、挿入5分、合わせて20分というのが、所要時間のアベレージでした。あまりにも短すぎます。現代人のセックスを再現してみましょう。

〝キスしてオッパイを触って、クリトリスを舐《な》めてから挿入してイク〟。たった一行足らずで終わってしまいました。これは、生殖本能に毛が生えた程度の単なる射精行動に過ぎません。私が既存のセックスを〝ジャンクセックス〟と呼ぶ理由もここにあります。

現代人のセックスがジャンク化したのには、2つの大きな原因があります。ひとつは、男性の「早く入れたい」「早く射精したい」という稚拙《ちせつ》な欲求。もうひとつは、女性の社会進出が進んだことで、時間に追われる女性が増えたこと。皮肉にも早くイキたい男性と、早くセックスが終わってほしい女性の、利害関係の一致が、セックスのジャンク化を加速させたのです。

たった20分のセックスで女性が満足できるわけがありません。しかし、射精という目先の快楽に走る男性に引きずられるように、女性もまた拙速《せっそく》なオーガズムを求めるようになったことが、さらなる不幸の始まりとなります。どんなに間違ったセックスをしていても、男性にはまだ〝射精〟という快感があります。これが男性に、ボタンの掛け違いを気づかせない最大の原因です。ジャンクセックスが蔓延《まんえん》すればするほど、〝少し気持ちいい男性〟と、〝少しも気持ち良くない女性〟のセックス格差は広がっていっているのです。

高度化した文明の代償とも言えますが、現代人はどうも忙しすぎるのかもしれません。それも具体的な何かではなく、とにかく常に時間に追われているような時間感覚が、セックスに大きな影響を与えています。何より問題なのが、セックスにかける時間の短縮が、そのままセックスの価値観の下落に繋がっていくことです。同時に、新自由主義化の余波をモロに受ける日本人は、時間が短くなっても結果だけは求めるのです。それが、〝イク〟という現象に対する執着です。〝イク〟の性メカニズムに関しては後ほど詳しく解説しますが、イクことへの必要以上なこだわりも、セックスをつまらない行為に貶《おとし》めている要素のひとつです。

最近出会った23歳のアダルトビデオ女優（ＡＶ女優）の話は、とても興味深いものでした。自称オナニストの彼女は、中学生の時に親友の女子から「マスターベーションでどっちが早くイケるか競争ね」と、奇妙なタイムレースを申し込まれたことを機に、以来ひとりで猛特訓を積んで、なんと今では、「毎回、10秒以内でイケる」までになったというのです。時間を競ってきただけに、「マスターベーションはスポーツ」と豪語する彼女に私は、「中学生のときと今では、オーガズムも強くなった？」と聞いてみると、何でそんなことを聞くの？といったきょとんとした表情で、「ううん、それはあんまり変わらない。イクって本当に一瞬のことだし、普通にウッって感じじゃない？」と答えてくれました。

私がこの話を紹介したのは、〝イク〟にもいろいろあるということを皆さんに知ってほしいからです。ちなみに、私とスローセックスした女性がイク時、女性の反応は、「ウッ」のひと言で片付けられるような刹那《せつな》的な快感ではありません。時間にしても一瞬ではなく、「ウギャー、ゲゴガー」と、ずっと絶叫しっぱなしで、ときにはオーガズムが20分以上続くこともあります。同じイクでも、その爆発力がまるで違うのです。その爆発力の違いは、どうして起こるのか？それが、〝感じる〟を楽しんだ時間の差なのです。感じる時間が長ければ長いほど、女性のカラダには〝性エネルギー〟が蓄積されます。性エネルギーとは、〝快感と性的興奮によって生じるエネルギー〟のことだと認識してください。この性エネルギーが溜まれば溜まるほど、イクときの快感は強烈になるのです。

興奮すればするほど女性は感じやすくなってイキやすくなる、ということは、多くの男性が知識や経験則で知っているかもしれませんが、性エネルギーという概念を知っている男性はほとんどいません。もしそのメカニズムを知っていれば、所要時間が20分のジャンクセックスがこれほど蔓延《まんえん》するはずがありませんし、イキたくてもイケない女性たちの悲鳴が、これほど大きくなるはずもなかったでしょう。

気持ちいいセックスをするキーワードは〝時間〟です。世の男性は、セックスの話になると、とかく〝テクニック〟に興味を示しますが、何事もそうであるように、セックスも総合力です。テクニックを最大限に発揮するためにも、最低限必要な時間というのがあります。そして、その最低限とは、20分ではないということです。それが、数年前から私がスローセックスという造語を考え出して、現代人のセックスの現状に警鐘を鳴らし続けている理由です。

もちろんスローセックスとは、単に〝長い時間セックスをしましょう〟ということではありません。とはいえ、実は、セックスにかける時間が、つまり男性が女性を愛してあげる時間が長くなれば、たったそれだけでも、今あなたが抱えているさまざまな問題のいくつかは、確実に解消されるのです。

所要時間20分の人は30分に、30分の人は40分に。ジャンクセックスからの脱却が、気持ちいいセックスをするための第一歩です。

〝愛〟を過信してはいけません

気持ちいいセックスをするために、〝愛〟はとても重要な感情です。前項で〝性エネルギー〟の話をしましたが、快感の原料である性エネルギーは、愛情の強さ、深さに比例して増大していきます。これは紛れもない事実です。それを知ってか知らずか、たびたび〝愛のあるセックス〟というのが、セックスの最上級のように語られることが多いのですが、実は、愛に比重を置きすぎると、ときにとんでもない深い落とし穴にはまることになるということを、知っておくべきです。

愛のあるセックスは、確かに理想です。しかしそれは、愛さえあれば気持ちいいセックスができる、ということとは話が別です。男性よりも愛情に敏感な女性は、とかく、愛が先かセックスが先か？　といった議論が好きですが、どちらが先でもいいのかも知れません。それこそケースバイケースで、どのようなセックスを選ぶかは、個人の自由です。〝妻子ある男性とのセックス〟でも、〝酔った勢いのセックス〟も、他人がとやかく言う問題ではない気がします。責任のある大人としての男女が合意のうえで選択した結果として、何よりも問題にすべきことは、愛の有無よりも、セックスの中身です。そのセックスが気持ち良かったかどうかが重要なのです。ここが肝心です。わかりやすくするために、セックスの種類を単純に４つに分けます。

①気持ちいい愛のあるセックス
②気持ち良くない愛のあるセックス
③気持ちいい愛のないセックス
④気持ち良くない愛のないセックス

①は何の問題もありません。多くの皆さんが理想とするセックスです。では、③はどうでしょう。「この日、初めて知り合った異性と意気投合してセックスした。とても気持ち良かった」。大人同士が合意の上で成立した肉体関係というのであれば、二人にとっては問題ないとも言えるでしょう。もしかしたら、これをきっかけに愛が芽生えるかもしれません。一夜限りだとしても、とてもいい思い出になるでしょう。そうなんです、気持ちいいセックスは、生きるエネルギーを与えてくれますから、あらゆる面で前向きになれるのです。問題となるのは、セックスが気持ち良くなかった②と④です。④は、自業自得といえます。やっかいなのが②です。「愛し合っている異性とセックスした。でも、気持ち良くなかった」。この事態に遭遇したとき、普段、皆さんがとても重要視している愛が、逆に大きな足かせとなるのです。多くは、「彼は本当は私のことを愛してないのかもしれない」「二人の愛が足りないから気持ち良くなかったの？」と、気持ち良くなれなかった理由を、〝愛〟に探そうとするのです。

これが大きな間違いです。愛は大切ですが、愛を過信してはいけないのです。セックスは総合力です。興奮する設定が整っていれば、愛がなくても気持ちいいセックスができることがあります。互いに盛り上がっていればテクニックなどなくても、激烈な絶頂を味わうこともあります。それと同じように、相手が世界中の誰よりも愛している異性であっても、性に関する正しい知識や、セックスのテクニックが不足していれば、まったく期待はずれなセックスも普通にあるのです。こんな当たり前の原因と結果から目をつむり、愛に原因を探す無知なる無謀は、無意味であり無益です。少なくとも、〝幸福な人生〟への遠回りでしかありません。

〝愛の有無〟といった、目に見えないモノに責任を転嫁した瞬間、相手に対する疑念や猜疑心《さいぎしん》が二人の心の距離を広げ、セックスをする前には確かに存在していた〝愛〟さえも、次第に蝕《むしば》んでいくことにもなりかねません。

稚拙なセックスは、恋愛をダメにするのです。

〝愛〟と似たようなものに〝夢〟があります。最近は、若い人たちの口から「将来の夢がない」という言葉をよく耳にするようになりました。彼らは夢がないことや見つからないことをとてもダメなこととして捉えています。私が気になるのは、夢の有無、それ自体ではなく、彼らが今をつまらなさそうに生きていることです。彼らの心を支配しているのは、〝夢のある人生〟というフレーズが、あたかも人生の最上級であるかのようなイメージです。したがって、夢がない↓明るい未来がイメージできない↓今が楽しくない、とネガティブな発想に繋がるのですが、そんなに夢は大切でしょうか？　なければ生きていけないほど大切なものでしょうか？　最初から大局的な視野に立った人生観を持っている人などいません。例えば、臨時収入があっていつもより懐が温かいとか、女性なら、顔見知りの店員さんに「そのバッグ素敵ですね」と褒められるとか、そんな些細なことでも人はそれだけでウキウキしてくるものです。人間の感情は確かにとても複雑ですが、同時にとても単純なのです。その単純さがいくつも折り重なって、ときに厄介な複雑さを形作っているということです。単純な心地よさの積み重ねの中で、「あ、別に夢なんかなくっても、楽しく生きていけるじゃないか」ということを実感することで得られる、心の余裕やゆとりこそ何より大切なのです。その後で、「でも、どうせなら夢のひとつもほしいもんだ」で、十分間に合います。

翻《ひるがえ》って、〝愛のあるセックス〟という理想は、言葉はとてもシンプルですが、その実態やメカニズムは非常に複雑です。だからこそ、〝気持ちいいセックス〟という単純な事実を「入り口」にすべきなのです。この入り口から入らないから、解けないラビリンスに迷い込んでしまうことになるのです。

夢はなくても人は生きていけます。しかし、愛がないと人は生きていけないのです。

もちろん、最初からセックスが上手という人はいません。一般的によく言われるように、セックスは愛し合う二人で育てていくものです。最初は、パートナーに快感を与えることができなくても、相手をいたわる気持ちや思いやる気持ちがあれば、愛撫するポイントや愛撫の強弱などを、徐々に軌道修正していくことができるはずです。私が言うのも変な話ですが、本書のようなテクニック書を読まなくとも、ある程度のテクニックやノウハウは自然と身についていくものなのです。しかし、今は、セックス初期段階の、セックスの悩みやトラブルを、自分たちだけで乗り越えられないカップルが急増しています。それは、成熟した大人であれば当然身についているはずの、いたわりや思いやり、相手への気配りといった、人間的な感情や情緒が欠落していることの逆説的な証明ではないでしょうか？　セックスが未熟であるという以前に、大人になりきれていない現代人が多すぎるのです。

だから、皆さん早く大人になってくださいね。というのでは、何の役にも立たない精神論です。スローセックスは、本書に書かれているとおり実践すれば誰もが気持ち良くなれるセックスです。ただそれだけではありません。心とカラダは密接に繋がっています。快感という具体的な幸福を、脳とカラダで実感することで、私が先ほど重要だと述べた、いたわりや思いやりといった、人間らしい豊かで温かい感情が、自然と湧き上がってくるようになるのです。

これが、既存のセックス書と一線を画す部分です。

愛を言葉で相手に伝えるためには、コミュニケーション能力が必要です。それと同じく、セックスで愛を伝えるためには、正しいセックスの知識と技術が必要なのです。セックスが先か愛が先かではなく、セックスでなければ伝えられない愛情があることを、知ってください。

教科書じゃなかった！　ＡＶに詰め込まれたウソ

ＡＶは、ＡＶ女優のカラダを張った名演技が生み出すファンタジーです。男性がひとりで気持ち良くなるためのエンタメセックスとリアルセックスの混同は、幼稚で愚かなことです。しかしながら、現実問題として、ＡＶで覚えたテクニックを、自分の彼女や奥さんで試してみたいという衝動を抑えられない男性が、少なくありません。断っておきますが、私はＡＶ男優のテクニックすべてに否定的なわけではありません。何人ものＡＶ女優から話を聞く機会がありますが、「一般の男性とは全然違う。やっぱり上手ですよ」というのが多くの意見です。ならば、お手本にしてもいいじゃないか？と思われるかもしれませんが、ＡＶには編集という工程があることを見落としてはいけません。我々が目にするのは、一般男性の興奮をかきたてるシーンだけをつなぎ合わせたものです。いわゆる〝見せ場〟ですが、それは総じて、ハードなシーンになります。女優の乳房を荒々しく揉みしだく、強烈なピストン運動、そして膣内を激しく指で掻《か》きだす潮吹きなどが代表例です。ＡＶ女優だって、みんな普通の女のコです。彼女たちは、「痛いけど、お仕事だから仕方ないの」と口を揃えます。なかには、男優の乱暴な愛撫が原因で、撮影のたびに病院送りにされていると涙ぐむＡＶ女優もいました。そんな舞台裏を知らずして、ＡＶ好きな一般男性たちは、〝女性は激しい愛撫ほど感じる〟とか、〝女性は全員、潮を吹く生き物〟とか、〝女性は毎回イキまくるものだ〟とか、〝女性はフェラチオが大好き〟といった、一般の女性にはは なはだ迷惑な誤解が、刷り込まれていくのです。

正しい愛撫テクニックは後述しますが、愛撫の基本は、超ソフトタッチです。女性の性感帯に本当にマッチした愛撫とは、微細で優しい刺激であり、AVテクニックとは対極にあるのです。

ほとんどの女性は、激しい愛撫は痛いと感じます。真性の潮吹き体質の女性は、私の経験上、100人中2、3人程度です。女性にはイキやすいタイプもいれば、感じやすいけれどイキにくいというタイプもいます。イキやすいタイプでも、その日の体調でなかなかイケなかったりと、女性の性は男性とは比べ物にならないほどとても複雑です。またフェラチオにしても、フェラチオが大好きな女性もいれば苦手な女性もいるというのは、当たり前のことです。いずれにしても、一般女性に、カメラが回っているときのAV女優のような熱演を強制するのは、未熟な男性のエゴ以外の何物でもないでしょう。

最近、女性受講生から、しばしば笑い話として聞くのは、AV男優気取りで、バック（後背位）のときに、パンパンパーン！と聞こえよがしに大きな音を立てる一般男性の話です。同じ男性としてせめてもの忠告ですが、「AVの観すぎってのがバレバレでシラける」というのが女性たちの共通意見です。

AV男優気取りは、セックステクニックの本質を見誤り、愛する女性のカラダを傷つけるだけではなく、男っぷりも下げてしまいます。AVテクニックをプライベートセックスにフィードバックさせようなどという子供じみた考えは、今、この場で捨ててください。

キャッチボールもできないのに、試合に出るな！

野球が上手になりたいと思えば、一生懸命に練習をします。仕事でも勉強でも、目標を達成するには、努力や工夫、そして一定レベル以上の知識や技術の習得が不可欠だということは、小学生でもわかる理屈です。これはセックスでも同じはずなのに、相手さえいれば誰でも〝挿入→射精〟ができてしまうことが、多くの男性を勘違いさせています。女性を喜ばせたいと思うならトレーニングが必要なのです。しかし、実際はしない。これは、ろくにキャッチボールもできないのに野球の公式戦に出場しているのと同じことです。野球に置き換えてみれば、ありえないような非常識が、セックスになった途端に理解できなくなるのです。

セックスは、〝秘め事〟といわれるように、極めて閉じられた世界です。他人と比べることもできませんし、スポーツや趣味の世界のように、仲間やコーチがいるわけではありませんから、どんなに下手くそでも、「オイ、もっと練習しなきゃうまくなんないぞ」と叱ってくれる人もいません。ですから、惨憺《さんたん》たる結果が出ても、その原因が未熟なテクニックにあることに気がつかないのです。「ちょっと今日は調子が悪かっただけ」とか、「女性の感度がイマイチだったから」と、未熟な自分を棚に上げて、女性に責任をなすりつけます。ハッキリさせておきますが、すべての女性は全身性感帯です。女性を感じさせられないのは、男性の〝今日の調子〟のせいでも、〝女性の感度〟のせいでもなく、あなたにテクニックの基礎ができていないだけです。

「経験を積めばなんとかなる」というのも正しくありません。ちゃんとした知識や技術という基礎が根底にあって初めて、経験は経験としてカウントされるのです。偶然、感じやすい女性に巡り合うと、すっかりテクニシャン気取りになり、性感が未成熟な女性には「お前は感度が悪い」と相手を罵《ののし》る。こんな行き当たりばったりの繰り返しを経験と呼ぶのなら、それこそセックスを甘く見ている証拠です。

〝セックスもトレーニングが必要〟という常識を身につけましょう。

二人を不幸にする〝イッたフリ〟の罠

実は、男性にとって、唯一のコーチと呼ぶべき存在が、彼女や奥さんなのですが、耐えることを美徳とする大和撫子たる女性たちは、痛くても、全然気持ち良くなくても、「もうちょっとなんとかならないの、下手くそ」なんてことは、決して男性本人の前では口にしません。逆に、ムードを壊してはならない、彼に嫌われたくないと、〝感じたフリ〟や〝イッたフリ〟をしてくれる、心優しき女性も少なくありません。このことが、さらなる悲劇の連鎖の始まりとなるのです。女性は生まれながらの女優です。射精のことに夢中の男性に、演技が見破れるはずもありません。はからずも男性は、女性のイッたフリを、〝お墨付き〟を頂戴したと勘違いして、延々と間違ったテクニックを繰り返してしまうのです。

私の調査では、20代から30代の女性の8割近くが「イッたフリ」の経験ありという統計が出ていますが、この数字は、「ねぇ、イッた?」と女性に聞く男性がいかに多いかの裏返しです。男性の皆さんに知ってほしいことは、「イッた? 気持ち良かった?」と聞かれて、「NO」と言える無神経な女性など、この日本にはいないということです。女性は聞かれれば、「うん、気持ち良かったよ」と答えるしかないのです。さらに、問題なのは、「イケなかったら申し訳ない」というプレッシャーから、ますますイケなくなってしまう女性が多いということです。

その点、〝イク〟にこだわらず、〝感じる〟ことを楽しむスローセックスの場合、女性は重圧から解放されます。セックスのたびに、「ねぇ、イッた?」と聞かれないというだけでも、どんなに心が軽くなるか、女性の皆さんならおわかりだと思います。多くの皆さんは、気持ちいいセックスとは〝イケるセックス〟だと思いがちですが、実は、〝イク〟のウエイトを軽くしていくという、逆転の発想こそ、本当に気持ちいいセックスをするための正しいメソッドなのです。

セックスで得られる自信ほど大きいものはない

今の時代は、社会が多様化したぶんだけ、人間が抱えるコンプレックスも数々存在します。その数あるコンプレックスの中で、セックスほど大きなコンプレックスはありません。人から自信を奪い、生きるエネルギーを喪失させる、そのマイナスの破壊力たるや凄まじいものです。すべての人間は、誰かに愛されたい、誰かを愛したいという根源的な欲求を持って生きています。セックスのコンプレックスは、人間が幸福になるための最大の要素である〝愛〟を根こそぎ奪い去ってしまうのです。

セックスのコンプレックスが、その人の心に致命的とも言えるダメージを与えるのは、セックスのコンプレックスの特殊性とでも呼ぶべき性質に起因します。それは、セックスのコンプレックスはバネにならないということです。例えば、勉強が苦手ならスポーツで一流を目指すとか、家が貧しければ一生懸命働いてＩＴ社長を目指すなど、人間はコンプレックスをバネにして頑張る力を持っています。けれども、セックスのコンプレックスは、セックス以外の何かでは補いようがないのです。そしてもうひとつ、セックスのコンプレックスは隠したりごまかしたりができないということです。例えば外見のコンプレックスは、ファッションや化粧などで、本人からすれば完全ではないにしろ、まぁなんとか妥協できるラインまで底上げすることができなくもありません。そもそも、自分と深くかかわりのない相手に対しては、さほど気にならないコンプレックスというのもあります。しかしセックスは、生まれたままの姿になってまさにすべてを曝《さら》け出す行為です。しかも相手は、一番自分のことをよく見せたいとても大切な人です。女性なら、「一度もイッたことがない」とか、男性なら「超早漏」といった悩みが代表的ですが、そういったコンプレックスを隠したりごまかしながらするセックス、つまり、相手に嘘をつきながらするセックスでは、相手も自分も本当に気持ちいいセックスなどできるはずもないのです。気持ちいいはずのセックスが気持ち良くない。そしてその原因は自分にある。これほどつらいことはありません。次第に、セックスそのものから遠ざかってしまうことにもなりかねません。実際、今、セックスレスが日本に蔓延していますが、セックスのコンプレックスに起因するケースは少なくないのではないかと私は考えています。では、セックスをしなければセックスのコンプレックスは解消されるのでしょうか？　答えはＮＯです。セックスでなければ感じられない愛というものがあります。時に、「セックスしなくても私たちとっても仲良しだから」といった、ポジティブなセックスレス夫婦のご意見を拝聴することがありますが、人生と性を切り離したライフスタイルもありとする現代の風潮に、私はとても懐疑的です。「セックスだけが人生の喜びじゃないでしょ」と言い切る彼らは、果たして私の言う〝本当に気持ちいいセックス〟を経験したことがあるのだろうか？と思うのです。本当に気持ちいいセックスでなければできない心の交流があるのです。

コンプレックスの話に戻しましょう。

当スクールには、性のコンプレックスを抱える多くの男女が訪れます。「一度でいいからイッてみたい」「女としての本当の喜びを知らないまま死にたくない」「愛する女性を、思いっきり感じさせてあげたい」「恋愛に積極的になれない自分を変えたい」など悩みはさまざまです。皆さん、誰にも相談できずに悶々《もんもん》と悩んだ末に、意を決して予約を入れて、勇気を振り絞って来校されます。初めてスクールのドアを開いて、入ってこられるときの表情は、緊張でこわ張り、重く沈んでいます。けれども、受講後は、皆さんの表情が一変するのです。生まれて初めてオーガズムを経験した女性、早漏を克服した男性、セックステクニックをマスターした男性……、皆さん、潤いと生気を取り戻し、初めてお会いしたときとは別人のようにその顔には自信が満ち溢れてくるのです。

「イケなかったときは、自分のことが大嫌いだったのですが、オーガズムを経験して、女性としての本当の喜びを知ってからは、少しずつだけど自分のことが好きになってきました。以前は、外見的なコンプレックスもとても強かったのですが、今は、ほとんど気になりません。コンプレックスがなくなったといったらウソだけど、自分のことを認めてあげることができるようになったことで、女性としての内面的な魅力に自分で気づけるようになりました」（41歳の女性）

「内向的な性格で、今までは気になる女性がいても話をすることもできませんでした。いい歳をして女性経験がほとんどゼロ。もしお付き合いできても、相手を気持ち良くさせてあげられなかったら、未熟なセックスを笑われたら、という思いから、恋愛に対しても前向きにはなれませんでしたが、セックステクニックをマスターしてから、生まれてから一度もモテた経験がなかった僕が、突然モテるようになったんです。どんな女性でも必ず満足させてあげられるという自信が、これほど勇気を与えてくれるとは思ってもいませんでした。これからは、恋愛も仕事も、どんどん前向きにチャレンジしようと思います」（30歳の男性）

セックスの悩みほど大きなコンプレックスはありません。その逆に、セックスで得た自信ほど大きいものはないということを、私は今の仕事を通じて日々実感しています。

〝イク〟と〝感じる〟、実は別物

スローセックスを正しく理解して、実践するために、まず知っておかなければならない知識があります。それは、〝イク〟と〝感じる〟は別物であるということです。

実は、世の中のカップルたちの多くが、セックスで思うように満足感が得られない原因のひとつが、〝イク〟と〝感じる〟を混同していることです。〝イク〟と〝感じる〟は、似て非なるものです。〝感じる〟の延長線上に〝イク〟があるという考え方も、セックスの快感を一面的にしか捉えていません。

私は、受講生にこの違いを説明するとき、〝水の入ったコップ〟を例に出します。カラダが感じている状態は、コップに水が注がれて次第に溜まっていっている時間のことです。そして本当の意味での〝イク〟というのは、水がコップの上まできて、最終的に表面張力の限界を超えて水がコップから溢れ出す瞬間のことです。〝溜まっている〟と〝溢れ出す〟では、全然現象が違うことがわかりますよね。

この〝コップの水〟こそ、気持ちいいセックスをするための最重要なキーワードのひとつである、〝性エネルギー〟なのです。

この言葉を使って、〝感じる〟と〝イク〟を改めて説明すると、〝感じる〟とは性エネルギーが充填《じゅうてん》されている状態であり、〝イク〟とは、性エネルギーの爆発現象ということになるのです。

つまり、気持ちいいセックスをするためには、いかに強い性エネルギーを、いかに大量に発生させ、いかに爆発の直前までに互いのカラダに充満させるかがポイントになるということです。

というと、何か難しい理論に聞こえるかもしれませんが、ここまで読んだあなたなら、性エネルギーの多い少ないによって、快感に差があることを過去の経験の中から見つけられるはずです。思い返してみてください。男性ならば、同じ射精でも、すごく気持ち良かった〝満足のいく射精〟もあれば、あまり気持ち良くなかった〝残念な射精〟も経験したことがあるのではないですか？　この違いが、〝イク〟という爆発現象の直前までに溜まっている性エネルギー量の違いなのです。

マスターベーションなら、男性はペニスを手で激しくしごけば、女性ならピンクローターでクリトリスに強烈な振動を与えれば、人によっては1分足らずで〝イク〟に到達できるでしょう。しかし、これは、まだコップの下のほうにしか水が溜まっていないのに、コップを傾けて強制的に水をこぼしているようなものだと理解してください。多少はスッキリするでしょうが、本当に心から満足のいく快楽とはほど遠いものなのです。

〝感じる〟と、〝イク〟の違いがおわかりいただけたでしょうか？　私が提唱する〝スローセックス〟とは、愛する男女が時間を忘れて〝感じる〟を楽しむことで、性エネルギーの総量を限界まで高めていくセックスです。自然と、セックスにかける時間も、2時間、3時間は当たり前の世界になります。当然、性エネルギーはコップになみなみと溜まることになり、自然と爆発現象に至るというわけです。〝イク〟ことを「目的」としないで、セックス本来の醍醐味である〝感じる〟を楽しんだ二人への〝ご褒美〟が、たった20分のジャンクセックスでは決して到達できない大爆発という「結果」になるのです。

さて、ここからです。今、私は性エネルギーが溜まる容器を〝コップ〟で説明しました。ジャンクセックスに慣れ親しんでしまった現代人の容器は、実際コップほど小さな容器でしょう。けれども、目的を〝イク〟から〝感じる〟にシフトしたスローセックスを実践していくことで、容器はどんどん大きくなっていくのです。女性の快感は底なしなどと言われますが、この言葉は真実で、男性の正しい愛撫テクニックによって、女性の容器は、コップからバケツ、バケツからドラム缶へとどんどん大きくなっていきます。もう無限大です。やがては、巨大ダムほどの大きさにまで膨張した容器になみなみと貯水された性エネルギーが、ダムの決壊によって一気に溢れ出す様子をイメージしてください。コップとダムでは、もはや比較にもなりません。男性には想像もつかない超絶の爆発現象ですが、女性では現実に起こりえるのです。これが、女性の持つ素晴らしいポテンシャルです。女性の皆さんは、自信を持ってください。なぜなら、このポテンシャルはすべての女性に平等に与えられているのです。

にもかかわらず、女性たちからセックスに対する不満の声が多いのは、男性が、小さなコップにさえ水を満足に溜めてあげられなかったからです。すべては、ジャンクセックスに代表される既存のテクニックと、男性がセックスにのぞむ姿勢が、間違っていたからなのです。

二人でするマスターベーションをセックスとは呼ばない

セックスと言いながら、相手の性器を借りたマスターベーションに成り下がっているのが、今皆さんがフツーだと思っているジャンクセックスです。男性は、服を脱がせたらキスもそこそこに乳首やクリトリスを触り、女性の気持ちなど無関係にフェラチオを要求して、自分がスタンバイOKとみるや、女性に愛撫らしい愛撫もしないで、膣に挿入して激しいピストン運動をして射精する。このような、自分の愛する女性を性欲処理の道具としか見ていない男性が、今も、呆れるほど多いのです。もちろん、女性はこんな男性本位のセックスで気持ち良くなれるはずもありません。性を置き去りにされた女性は、本当は不満がいっぱいなのですが、ジャンクセックスの弊害というべきか、女性のほうも、男性が射精したらセックスは終わりだと、思い込んでいるために、つまらないセックスを許してしまっています。女性の中には、自分が気持ち良くなれなくても、「大好きな彼が気持ち良くなってくれたら、それだけで私も嬉しい」というけなげな方までいらっしゃいます。日本女性の心の広さと忍耐力の強さには頭が下がるばかりですが、女性の皆さん、そんな男性を寛容に許してはいけません。私に言わせれば、そんな独りよがりなセックスしかできない男とは、一刻も早く別れるべきです。ちょっと言い過ぎましたが、少なくとも本書を見せて、一度話し合ってはいかがでしょうか。

「私のカレは大丈夫。だって、ペニスを入れる前に、指と舌でちゃんとイカせてくれるから」という女性の声が聞こえてきそうですが、それもまた、男性にマスターベーションを手伝ってもらっているのとニアリーイコールなのです。

私が先にイッて、少し後で彼がイク。

セックスとは、そんなちょっと気持ちいい程度のイクを、代わりばんこにする行為ではないと思います。そんな軽薄で即物的な行為を、成熟した男女が愛し合う行為と呼べるでしょうか？

ただ現在は、自分さえイケれば満足な、いわゆる〝オレ様セックス〟をする自己中心的な男性があまりにも多いために、オレ様セックスの合間に、ちょっとクリトリスを刺激して女性をイカせれば、それだけで女性から及第点がもらえてしまうようです。女性のほうから、諦めてしまっている。なんと悲しい現状でしょうか。

マスターベーションをしたことがある女性なら、そもそもクリトリスが女性の性感帯の中でもっともイクことに適した性感帯であることは、経験則からもよくご存じのはずです。成熟した健康な女性が、クリトリスを刺激されてイクという現象は、そんなに特別なことではないのです。トータルで20分足らずという非常識なほど時間が短いジャンクセックスで、イクことができる女性は、相当に優れた感受性の持ち主と言えるでしょうが、場合によっては、マスターベーションにかける時間よりも少ない時間でイケたとしても、そのときの快感は、当然マスターベーションのイクの快感程度の気持ち良さでしかないのです。実はこれは、男性にも同じことが言えるのです。目の前に裸の女性がいて、ペニスを刺激するのは自分の手ではなく女性の口や膣といった、マスターベーションの時とは違う興奮要素を加味したとしても、たかだか前戯15分、挿入5分のジャンクセックスで得られる射精の快感は、やはりマスターベーションで得られる快感に毛が生えた程度のものでしかないのです。

ひとつハッキリさせておきましょう。本当のセックスで得られる快感は、マスターベーションのそれとは雲泥《うんでい》の差です。〝セックスはマスターベーションの10倍気持ちいい〟ということは、当たり前の常識です。こんな当たり前のことが、成熟した男女のカップルたちが実感できていないのは、一般の多くの男女が、これがセックスだと信じて疑わない行為が、二人でするマスターベーションになってしまっているからにほかなりません。

トラブル発生!? 異性を理解するチャンスです!!

今、若年層の間でもセックスレスが進行していることは、日本社会が抱える大きな病巣のひとつですが、これは彼らが、セックスの快感がマスターベーションの快感と大差ないものという、間違った評価を下してしまっていることが大きな要因です。ゲーム、パソコン、メールといったひとりでも楽しめる娯楽の隆盛により、結果としてコミュニケーション能力の低下という、恋愛やセックスの可能性を広げるためにとても大切な人間のスキルが、若者たちだけに限らず多くの日本人から失われつつある現状が、日本人から本当の気持ちいいセックスを遠ざけています。というのも、当たり前のことですが、セックスはひとりではできないからです。セックスにはパートナーが必要です。パートナーがいるだけでは気持ちいいセックスはできません。まさにやみつきになるような、気持ちいいセックスをするためには、そのパートナーと強く深い信頼関係を築き上げることがとても大切です。一方だけがどれほど性欲が強くても、一方だけがどんなに性的好奇心が旺盛であっても、強い愛の絆と、セックスがいかに人生において重要であるかというコンセンサスがなければ、決して二人のセックスにドラスティックな進化は起こりません。愛し合う男女がいるだけで気持ち良くなれるほど、セックスは甘くはないのです。恋愛とはもっとも激しい人間関係です。相手を思いやる気持ちや、社会人としての一般常識やモラルを含めた、総合的なコミュニケーション能力がなければ、むき出しになったエゴとエゴが激しく衝突する機会の多いセックスを乗り越えることは難しいのです。

若者たちがよく使う言葉で言えば、恋愛とセックスは、とても「面倒くさい」ものでもあるのです。親から口うるさく言われるのが面倒くさい、近所付き合いが面倒くさい、セックスはしたいけど女って面倒くさい、恋愛って面倒くさい……。そのとおりです。自分以外の他人と人間関係を築いていく過程には、面倒くさいことがいっぱいあります。それは、一人前の大人が社会で生きていくためには避けて通れないことです。でも、これができない。自分のほうから、積極的に人間関係の構築を望んだはずの、好きな異性が相手でも、ひとつでも「面倒くさい」ことがあると、その途端に、反射的に心のシャッターを閉めてしまう人が、今、本当に増えているのです。

この「面倒くさい」は、愛し合うカップルのセックスをつまらなくしていく大きな要因でもあるのです。テクニックが未熟なセックス初心者のカップルであれば、すぐには二人とも満足できるセックスができなくて普通です。〝思うように彼女を感じさせてあげれない〟〝愛撫が痛い〟〝前戯が短すぎる〟〝スムーズに挿入できない〟〝一生懸命にやってるのにくすぐったがられる〟……、カップルの数だけ種類があるといっていいほど、数々のトラブルが待ち構えているはずです。こんなとき、やっぱりあなたも、「あ、また面倒くさいことになった」と思ってしまいますか？

思うのはいいとしましょう。問題はその後です。数々の難問をどう二人で協力して解いていくかが大切なのです。乗り越えるのは確かに大変かもしれません。でも、乗り越えることができれば、必ずや二人の愛の絆は以前より深まっているでしょう。そして、確実にセックスも以前より気持ちいいもの、楽しいものになっているはずです。〝トラブル発生↓二人で解決〟の繰り返しが、セックスを気持ちいいものに変えていくのです。

しかし私も、過去には苦い経験はいっぱいあります。今となっては信じてもらえないかもしれませんが、実はわずか10年ほど昔の私は、超の付く早漏で、セックスにまったく自信のない男だったのです。その頃の私は、一般男性の多くがそうであるように、予期しないトラブルが発生すると、ヤル気がシュルシュル～ッと萎《しぼ》んでしまっていました。こうなってしまっては、トラブルの解決どころではありません。ですから、「面倒くさい」を、つい避けて通りたくなる男性の気持ちはよくわかるのです。なぜ、私は変われたのか？　それは、私の当時の本業であった、マッサージ師という仕事を通じて、女性の性感が秘めた計り知れないパワーに気づいたことを契機に、セックスの大切さに目覚め、性とセックスの研究に没頭し、テクニックの開発と、テクニックのトレーニングを積み、実践を重ねる中で、その過程にはもちろん数々の失敗に遭遇しましたが、その失敗を恐れずセックスと向き合い、10年の歳月をかけて、セックスに対するコンプレックスを完全に克服したからです。一般の皆さんと同じ、数々の失敗を経験してきた私だからこそ、私は自信と確信を持って、私が確立したスローセックス理論と、セックステクニックを、ひとりでも多くの悩める男女に実践してほしいと思っているのです。

トラブルの解決は、口で言うほどたやすいものではありません。実際、愛の絆だけでは乗り越えられない難問も数々存在しています。だからこそ、正しい性の知識と、セックステクニックの基礎を学ぶ必要があるのです。裏を返せば、既存のセックスが間違いだらけだからこそ、愛する相手との〝愛〟があやふやで脆《もろ》い存在になってしまっているのです。

本書でスローセックスを学び、セックスに自信が持てるようになると、セックスで予期せぬトラブルに見舞われたときの考え方も変わってきます。

今の私はそんなときどう考えているか？　それが、

「自分とは異なる性に触れ、異なる性を理解できる絶好のチャンス！」

です。セックスを通じて異性と深く触れ合えば触れ合うほど、知れば知るほど、男と女とはなんと違う生き物なのだろう！　ということが実感としてわかるようになります。世の中には男と女しかいません。男性と女性の関係は、よく磁石に例えられますが、男女はその性質が違えば違うほど強力に引き付け合うのです。そして、異なる性がベッドの上で裸になって心もカラダもとろけあう行為が、まさにセックスの醍醐味なのです。

女性の心の叫びに気づかない男性たち

逆に、セックスのトラブルを解決することを「面倒くさい」と投げ出してしまうと、セックスはどんどんつまらなくなっていきます。初めて肌を合わせたときのドキドキが消え、今日はどんなに気持ち良くなれるだろうというワクワクも消え、楽しみが消え、思いやりの気持ちが消え、そして最後に〝性欲の処理〟だけが残るのです。唯一残った性欲の処理は、どんどん肥大化して、男性も女性も「イク」ことに執拗《しつよう》にこだわることになります。これがジャンクセックスの正体なのです。

先に、〝イクと感じるは別物〟という話をしましたが、イクの正しいメカニズムを理解していない二人が「イク」にこだわったセックスをすると、おのずと愛撫が強くなります。「強い刺激ほど女性は感じる」という勘違いをした男性をパートナーに持つと女性は大変です。女性からの不満はさまざまですが、ここ最近、特に多いのが、「クリトリスへの愛撫が痛い」というクレームです。多くの男性は、マスターベーションのときに、ペニスをゴシゴシと激しく摩擦するのですが、これと同じ理論を、女性のもっともデリケートな部分にも適用させて、指でグリグリしてしまうんですね。クリトリスの正しい愛撫法は後述しますが、クリトリス愛撫の基本は〝超ソフトに〟です。いきなり指でグリグリされて気持ち良くなれる女性はほとんどいません。当然、男性が期待するような反応は得られないことになるのですが、すると男性は、「まだ強さが足りない」と判断して、さらに躍起になって愛撫を強くしてしまいます。こうなってしまっては、女性はもはや痛いだけです。しかし、耐えることを美徳とする大和撫子たちは、「ムードを壊したらいけない」「彼に嫌われたくない」と思って、けなげにも我慢します。眉間に皺を寄せ、口を真一文字に結び、必死に苦痛に耐える女性の表情を、悲しいかな男性は、〝おっ、やっと感じてきた〟と錯覚してしまうのです。そして、みごと女性を感じさせたと思い込んだ男性は、その後も破壊的なほどに強すぎる愛撫を繰り返すのです。典型的な悪循環です。

〝イク〟にこだわるセックスは、性交痛とは別の障害も生み出します。それが、「イカないとセックスした気がしない」とか、「イカないと彼に申し訳ない」という女性へのプレッシャーです。プレッシャーとは心の緊張です。心が緊張した状態で女性が気持ち良くなれると思いますか？　わかりやすくするために極端な例を出せば、女性を力づくで脅しながら「感じろっ！」と命令しても、絶対に女性は気持ち良くなれないということです。

女性は官能（興奮）モードに至る前に、必ずリラックスモードを経由する。

これが男性も女性も知っておかなければならない基本事項です。当スクールには、不感症を訴える女性たちが数多く受講されます。女性たちは少なからず、私のテクニックに期待を寄せていらっしゃるのですが、私が施術に当たってもっとも腐心するのは、ベッドの上でアダムテクニックを炸裂させることではなく、その前に、いかに彼女たちの心をリラックスさせるかなのです。「女性をその気にさせる」という言葉があります。男性たちが合コンなどで、女性を〝その気〟にさせようと四苦八苦して、結果失敗に終わることが多いのは、多くの男性が、「その気＝興奮」と勘違いしているからにほかなりません。アプローチが間違っているのです。女性が、「この人ならいいかも」と、その気になる男性とは、端的に言えば〝一緒にいて楽しい人〟です。良くも悪くも受け身であることを主とする女性は、〝安心して身を委《ゆだ》ねられる男性〟に心を開くのです。つまり、〝その気＝リラックス〟なのです。よく〝聞き上手の男がモテる〟と言いますが、これは事実で、生来おしゃべり好きな女性は、楽しい会話が続けば続くほど、どんどん心がリラックスしていく習性があります。心が開かずしてカラダや性感の解放はありません。

セックスに話を戻せば、心が緊張した状態、つまり性感脳（物理的な刺激を「気持ちいい」と判断する脳）が閉じた状態では、どんな優れたテクニックもその効果を発揮させることはできないということを男性は肝に銘じてください。

間違いだらけの既存のセックスを普通だと思い、自分は「それなりに女性を満足させているはず」と錯覚している男性には、なかなか女性の本音は届かないと思います。私が女性に成り代わって代弁しましょう。イクことに男性がこだわることで起きるセックスへの不満として多いのは、セックスの途中やセックスが終わった後で、男性が女性に投げかける困った質問です。

「ねぇ、気持ち良かった？　イッた？　ねぇ、イッた？」

言い方に差こそあれ、ほとんどの男性は心当たりがあるのではないでしょうか？　男性にしてみれば、自分のテクニックに対する自信のなさから出てくる言葉なのでしょうが、多くの女性が大迷惑しています。女性たちの言葉を原文のまま紹介すれば、ひと言「ウザい」のです。「何回も何回もしつこく聞いてくる暇があったら、聞く必要もないくらいイカせて！」というのが女性たちの本音です。女性たちは、「本当はそんなに気持ち良くないし、時々痛いけど、気持ち良かったことにしないと、セックスの後にまた何回も聞かれるから、〝感じたフリ〟や〝イッたフリ〟をしなきゃいけないから大変」なのです。

女性の多くが、セックスの最中にそんな大変な思いをしていることも問題ですが、世の男性が、もっと身に染みて問題にしなければならないのは、女性たちが、「あーあ、またイッたフリをしなきゃなんないのかぁ」と思っているという、セックスに臨む以前の心境です。女性のカラダが感じるためには、その前にリラックスモードであることが大切と言いましたが、これでは女性が気持ち良くなる必要条件が最初から満たされていないということです。

「今日は、どんなに気持ち良くしてもらえるんだろう、ワクワク」と、「あーあ、またどうせイケないセックスに付き合わなきゃいけないのか」では、結果は最初から見えているのです。

間違いだらけのセックスで自己満足して、女性の心の叫びに気づかない男性と、その男性に付き合わされている女性。その両者の目の前に共通して、そびえ立つ厄介なハードルが「イク」なのです。厄介なハードルなど取り払ってしまえばいいのです。スローセックスは、この逆転の発想から成り立っています。誤解のないように言っておきますが、スローセックスはイカないセックスではもちろんありません。イクことにこだわらないということです。

「でも、イカないと女性は満足できないんじゃあ……」

という疑念の声が聞こえてきそうですが、その前に、当スクールをめでたく卒業した女性受講生たちの声に耳を傾けてください。不感症セラピーの受講生たちです。

「イケなかったら彼に申し訳ない、というプレッシャーから解放されたことが私にとってものすごく大きなことでした。変な強迫観念がなくなったことで、セックスを楽しめるようになりました。今は、不感症だと思っていた頃の自分がウソのようです」（26歳・医療メーカー）

「〝イッたフリ〟を含めて、今までいろいろなことを気にしながらセックスしていましたが、今はとてもリラックスしてセックスできるようになりました。それだけで、感度ってアップするものなんですね。夫も以前よりもずっと長い時間愛してくれるようになりました」（34歳・主婦）

紙幅の都合上ほんの一部しか紹介できませんが、これがイクことの重圧から解き放たれた女性たちに起きる極めて正常な変化なのです。

〝射精の放棄〟から本当のセックスは始まる

いよいよスローセックスを実践するにあたって、核心部分に触れていきたいと思います。

私から、男性の皆さんへ第一の提言は、〝射精の放棄〟です。

「エッ、射精をしない？？？？？！！！！！」

きっと皆さん、驚かれたと思います。当スクールで性技指導を受講される男性たちも、今の皆さんと同じように、目が点になります。しかし私は冗談で言っているのではありません。いたってまじめです。今まで、射精すること、つまりイクことがセックスの最優先事項だったジャンクセックスを、普通のセックスだと考えていたのですから、「?!」は当然の反応です。しかし、あなたは、少なくとも今まで普通にしてきたセックスでは百点満点の満足が得られていないからこそ、本書を手にとられたはずです。百点満点を取るためには、今までのセックスを大改革しなければならないのです。その第一歩が、射精の放棄なのです。

「射精をしなければセックスが終わらないじゃないか？」

まさにそれです！　〝射精したら終わり〟という今の間違った時間感覚を取り払い、〝永遠に続く愛〟の時間感覚へと軌道修正することが、射精を放棄する最大の目的なのです。

順を追って説明していきましょう。既存のセックスは、男性も女性も、男性が射精したらセックスは終わりだと信じ込んでいます。終わりを迎えるのが、平均で20分。長くてもせいぜい1時間程度でしょうか？　とかく忙しい現代人が、この最初からタイムスケジュールが決められたごときセックスで、その時間内に、拙速に「イク」という結果を出そうとするから、セックスが終わるまでの過程がすべてが中途半端でおざなりなものになってしまい、男性だけイケて女性の性は置き去りとか、女性がイッたとしても、本来のポテンシャルからは、ほど遠い不十分な結果しか得られていないのです。これが現状です。

スローセックスは、その言葉から〝長時間するセックス〟と短絡的に捉えられがちですが、間違っても、今のジャンクセックスをただダラダラと長く続けるだけのセックスをスローセックスとは呼びません。ジャンクセックスを基準に考えると、一般の方には大きな誤解が生じます。

例えば私の場合は、交接（ペニスの挿入）に、2時間から3時間かけるのは当たり前なのですが、この話をスローセックスを知らない女性にすると、決まって「エー、そんなの疲れるぅ」「ヤダー、絶対にアソコが痛くなっちゃう」という反応が返ってきます。彼女たちは、AV男優が見せるような激しいピストン運動が、2時間3時間続くというイメージしかないからです。2時間も腰を激しく動かしっぱなしなら、いかに私でも疲れます。私はずっと腰を動かしているわけではありません。つながり合い、会話を楽しみながら、ときには冗談を言い合ったりしながら、自然に身を置くような、たゆたうようなゆったりした動きのなかで、愛する女性と一体となった幸福を楽しんでいるのです。絶頂の瞬間のような激烈な快感だけが快感ではありません。淡い快感の中でしか味わえない、二人が感じあった〝気持ちいい波動〟を、お互いのカラダとカラダの間に交流させていく幸福感を楽しんでいるのです。ですから、疲れるなどということはまったくありません。互いの気持ちいい性エネルギーが増幅されるので、逆に精気が漲《みなぎ》ってくるのです。

交接に関しては第三章で詳しく述べますが、ここでセックスを楽しむためのキーワードをひとつ紹介しておきます。それは、

挿入は、ペニスによる膣への愛撫

です。どうでしょうか？　たったひとつイメージを変えること、それだけで、今までのセックスとまったく違うセックスになりそうな予感がしてきませんか？

人間は言葉でいろいろなことをイメージして考えます。言葉は、言霊《ことだま》と呼ばれることからもわかるように、強い力を持っています。その強い力がマイナスに作用して、セックスをつまらなくしているのが、〝前戯〟という言葉です。〝前〟という漢字の持つイメージで、特に男性の皆さんは、〝前戯〟を〝挿入前の行為〟と捉えてはいないでしょうか？　そういう捉え方だと、セックスはおおむね、「キスをして、前戯をして、挿入して、射精する」という〝区切り〟ができてきます。キスが終わったから次はオッパイを舐めて、クンニが終わったから次はフェラチオをしてもらって、じゃあ次はそろそろ挿入しますか、といった流れ作業的とでもいうような、セックスがどんどん機械的で味気ない行為に成り下がっていくのです。これもセックスのジャンク化の大きな要因のひとつです。したがって当スクールでは、〝前戯〟という言葉は使っていません。その代わりに〝愛戯《あいぎ》〟という言葉を使っています。キスは唇と唇による愛撫であり、挿入はペニスによる膣への愛撫であると同時に、膣によるペニスへの愛撫であり、交接しながらキスや愛戯を楽しむのもいいしと、どんどん区切りや段取りをなくしていくことで、セックスは無限の自由を手に入れていくのです。

その悪しき区切りの最たるものが、射精だということです。

もちろん私は、決して射精そのものを悪者扱いしようとしているわけではありません。射精にウエイトを置きすぎることで、いつのまにかセックスに異変が生じて、気持ち良くて当たり前だったセックスが、トラブルメーカーになってしまっている現状に問題提起したいのです。男性だけが少しの快感を手に入れて女性が気持ち良くなれない、男性本位で、射精至上主義な今のセックスが当たり前のようになっている現状を打破するためには、少々荒療治ではありますが、〝射精の放棄〟という男性の英断が必要なのです。

射精よりも楽しいことがあるってホント?

断っておきますが、私は、「今まで男性は自分勝手に射精してきたんだから、今度は女性が満足するまで一生懸命に愛撫してあげなさい」と言っているのではありません。私は女性の味方であり、男性の味方です。確かに、現在の〝射精至上主義〟とでもいうべきジャンクセックスは、女性に対する愛戯の時間が短すぎることは事実です。でも、相手への愛撫を、あたかも〝サービス〟のように考えている限り、今の〝二人でするマスターベーション〟の域からは抜け出せません。スローセックスの醍醐味は、〝相互愛撫・相互官能〟にあります。一方通行的なサービスタイムが長くなっただけでは、互いに幸福を感じることはできないのです。肝心なのは愛戯と官能の〝双方向性《そうほうこうせい》〟です。

といっても、この話は、〝射精の放棄〟を命じられたばかりで、戸惑っている男性には、少し早すぎるかもしれませんね。では、射精よりももっと楽しいことがあるという話をしましょう。

男性は、射精を少し我慢するだけで、今まで見えなかったことが見えてくるようになるのです。

それは、女性の本当の美しさです。

ここまで話しても、まだピンとこない男性は多いと思いますので、当スクールの男性受講生たちに起こる〝変化〟をご紹介しましょう。射精の放棄を命じられた男性受講生は、その後どうなるか？　つまり、今のあなたの少し未来の姿です。

彼らが最初に覚えるのは、スローセックスの基本的フィンガーテクニックであるアダムタッチです。講習は、女性のモデルさんを間に挟んで、最初に私がアダムタッチのお手本を見せて、次に男性受講生の方に同じようにアダムタッチをしていただくというスタイルで、女性のカラダ全身への正しい愛撫法を学んでいただきます。まず、男性受講生の方々がビックリされるのは、指先が女性の肌に触れるか触れないかの、超ソフトな愛撫がいかに女性の性感にマッチした愛撫法であるかの発見です。

アダムタッチの優れている点は、ただ女性を感じさせるだけでなく、女性の感度そのものを高めていくことにあります。微細な刺激による快感を女性のカラダ全身で感知することで、性感脳の働きが活性化され、〝性感脳が開く〟ことで、女性の感度はどんどん敏感になっていくのですが、ちなみに、当スクールの女性モデルたちは、私の施術によって、ほぼ完全に性感脳が開いた女性ばかりです。俗っぽい言葉で言えば〝感度バツグン〟な女性ばかりです。

男性受講生たちは、私の見よう見まねであっても、正確にアダムタッチができるようになると、労せずして、今まで自分の彼女や奥さんでは、経験できなかった、女性が本当に感じている姿を目撃するのです。性感脳が完全に開いている彼女たちは、頬を撫でただけでも狂おしく官能します。肩をそっとアダムタッチするだけでエロティックな喘《あえ》ぎ声をあげ、手の甲に優しく触れただけで身をよじり、乳房にゆったりと指先を這わせただけで……。するとどうなるか？ もう男性受講生たちは愛戯という行為に夢中になります。その日初めて出会った、愛情関係などない女性であるにもかかわらず、自分の愛撫で小刻みにカラダを震わせて官能する女性モデルさんを、本当に愛《いと》しそうにずっとアダムタッチしています。私が、「あのー、そろそろ次の部位の説明に移るからね」とストップをかけるまでやめてくれないほど。言い方は適切ではないかもしれませんが、新しいオモチャを買い与えられた子供のように、全身で気持ち良さを表現する女性モデルさんに夢中になってしまうのです。ここで重要なポイントは、このときの彼らは、完全に自分の射精のことなど忘れてしまっているということです。

そして、セックスには射精よりも楽しいことがあるということを、自らの体験を通じて知るのです。

本当の〝女性美〟に、男性も女性も気づいていない

女性モデルさんを芯から官能させることで、男性受講生たちが発見したのは、女性の本当の美

しさです。今、日本は、史上空前の美容ブームの只中《ただなか》にいます。女性が美しくなりたいと思うのは、まさに女性の性がなせる業《わざ》ですが、女性も男性も、表層的な外見にこだわるあまり、女性がもっとも美しく、そして一番輝く場面から遠ざかっているのです。もっと言えば、この世の中に、セックスで官能する女性ほど美しいものは存在しません。本当の美に出会った瞬間、それは神々しいほどの輝きを発しています。今風に言えば、スピリチュアルをまったく信じない人でも、女性の全身から立ち上る〝美のオーラ〟が見えるほどでしょう。

〝身を仰《の》け反《ぞ》らす〟〝全身が小刻みに痙攣《けいれん》する〟〝カラダを左右によじる〟……、といった官能した女性が見せる肉体表現は、どんな芸術作品よりも美しく、どんな官能小説よりもエロティックです。本当の女性美は、いかなる男性も虜《とりこ》にしてしまうのです。

虜と化した男性は、射精のことも忘れ、時の立つのも忘れて愛戯に夢中になります。ましてや官能する女性は、時間のことなど頭の片隅にもありません。これが本当のセックスの醍醐味です。

スローセックスとは、長時間セックスではなく、〝時間を忘れて楽しむセックス〟なのです。ただ、〝時間を忘れてセックスしましょう〟というスローガンだけで、気持ちいいセックスができるほどセックスは簡単なことではない、というのがセックスが抱える問題の難しさです。ここまで読み進められてきたあなたは、私が男性の皆さんに、〝射精の放棄〟を命じた本当の理由がおわかりいただけたと思います。しかし当スクールで、私が見守っていてあげられる状況なら可能なことでも、プライベートなセックスで、ただお題目だけで射精を我慢するということは、非常に厳しいことです。男性によっては、〝苦行〟に近いかもしれません。

苦行にしないために、楽しんで二人のセックスを今よりも気持ちいい行為に育てていくために、何よりも大切なことは、ひとつひとつ気持ち良さを実感していくことです。「気持ちいい」という確かなものがひとつでも実感できれば、そこから一気に、スローセックスの全体図が脳内で開けてくるものなのです。

本章で私が書くことは、気持ち良さを実感するためのヒント集だと捉えてください。

不感症に悩む女性の95%はまったくの正常

一般的に女性の性的感受性を現す言葉で、「感度がいい」とか「感度が悪い」というのがあります。では私が、「世の中に感度が悪い女性などいない」と言ったら、皆さんは驚かれるのではないでしょうか？　既存の間違いだらけのセックステクニックを正しいと思い込み、女性の性メカニズムに無知であることに気づいていない多くの方々にとっては、世の中には、感度がいい女性と、感度が普通な女性と、感度が悪い女性がいるということが常識になっているようですが、これはとんでもない間違いであり、本当は気持ち良くなれるのに、気持ち良くなれない女性が巷《ちまた》に溢れかえる重大な原因でもあります。

当スクールにも〝不感症〟に悩む女性が、数多くいらっしゃいます。受講される女性の大半が、自分は不感症だと思い込んでいる方々だと言っていいでしょう。セックスの経験が少ない女性、男性の心無い言葉や乱暴なセックスがトラウマになっている女性など、不感症の原因はさまざまですが、男性にも女性にも知ってほしいのは、〝不感症に悩む女性の95%はまったくの正常〟ということです。女性の皆さん、私は気休めで言っているのでは決してありません。この数字こそが真実です。

スクールの不感症セラピーでは、まずカウンセリングで女性受講生の心を開いて、その後、私が約1時間半、アダムタッチをメインにしたオーガズムマッサージを全身に施術します。1回のセラピーはトータルで約2時間です。このわずか2時間の課程で、例えば「結婚して20年間、夫のセックスが痛いだけだった」という40代の女性も、「今まで20人以上の男性と経験してきたけど一度もイッたことがなかった」という20代の女性も、「マスターベーションではイケるんだけど男性とのセックスでは何も感じたことがない」という30代の女性も、ほとんどの場合、1回のセラピーで生まれて初めての絶頂を経験されます。

10年、20年もの長きにわたり、不感症に悩み続けた女性の中には、絶頂のときに涙を流して感激される方も少なくありません。なぜ涙がこぼれるのか、本人にも答えが出ません。私はカラダが嬉しくって涙を流しているのだと解釈しています。そんなとき、私はこの仕事を始めてよかったと、心から思うのです。が、しかしです。私は何か特殊な能力によって、奇跡を起こしたわけではありません。不感症だった女性を私が治したわけではないのです。魔法のように見える巧妙なマジックも種を明かせば、驚くほど仕掛けは単純なのと同じ。彼女たちは、もともと不感症ではないのです。

感度が良い悪いで言えば、不感症は〝とても感度が悪い〟という状態です。が、ここで思い出していただきたいのは、気持ちいいと感じるのは脳であり、皮膚そのものではないということです。男性に触られたときに、くすぐったい、痛い、痒《かゆ》い、と刺激を感じることができれば、それだけでその女性の皮膚感覚は正常だと言えるのです。問われているのは、皮膚感覚ではなく、物理的な刺激を、「気持ちいい」に転換する、性感脳が本来の能力を活性させているかどうかなのです。

不感症だと思い込んでいる女性は、〝感度が悪い〟のではなく、性感脳の開花度が少ないだけだということです。

性感脳の開花度には、もちろん個人差があります。一般的には年齢を重ね、恋愛やセックスの経験が豊かであるほど、開花度は大きくなります。あまり男性経験がないのに、元々感じやすいカラダの女性もいます。幼い頃にマスターベーションを覚えたケースや、小さい頃から性的な好奇心が旺盛だったケースなどがそれにあたります。しかし、やはり性感脳を開花させるのは、セックスのパートナーである男性の役割が非常に大きいのです。

早い話、不感症だと思い込んでいる女性たちのほとんどは、〝男運に恵まれなかった〟だけなのです。テクニックが幼稚園レベルの男性たちにこそ、原因はあるのです。

当スクールの男性受講生でもよくある失敗例なのですが、知識のない男性は、女性の感じるポイントをはずして一生懸命に愛撫しています。これはゴルフで譬《たと》えれば、旗をめがけてスイングしているつもりが、実は隣のコースの旗を狙っているようなもの。この間違いに、男性自身が自覚症状がないことが問題で、要は、不感症に悩む女性たちも、ポイントを的確に愛撫すれば、問題解決するケースがほとんどなのです。

私は、不感症を治したのではなく、元々健康で正常な女性の、本当に感じるポイントを発見するお手伝いをしてあげただけに過ぎないのです。

女性は、〝愛されるために生まれてきた生命体〟である

本当に感じるポイントを的確に刺激すれば、必ず女性は感じるようになります。なぜ一般男性は、そのポイントを発見することができないのでしょうか？　私は何も、サハラ砂漠の中から一粒の米粒を探し出すような無茶を言っているのではありません。女性のカラダはとても小さいものですし、性感帯にしても一粒どころか、全身に星の数ほど散らばっています。

多くの男性が、オッパイとクリトリスにしか興味を持たないことが何よりの原因ですが、そんな幼稚園レベルはさておき、全身を愛撫することを頭で理解できても、全身のすべてを、本当に隅から隅まで愛撫するということが実践できていないからです。ただ漠然と触っているから、とてもわかりやすい性感帯であるクリトリスさえ、的確に捉えることができないのです。そして、ただ隅々まで愛撫すればいいというものでもありません。女性の反応をしっかりと目と耳で確認

しながら、愛撫することがポイント発見には欠かせない要素です。指先の一部が、女性の本当に感じるポイントに当たったのに、愛撫に夢中になって女性のサインを見逃し、そのまま何もなかったように通りすぎてしまい、「ああ、この人はわかってないな」と、女性をガッカリさせている男性がいかに多いことか。

第二章でテクニックを学ぶ前に、女性が本当に気持ち良くなるための愛撫についての心構えから、意識改革する必要があります。

まずは、女性は大切な存在である、という当たり前の価値観をしっかりと持つことから始めてください。健康で成熟した男性なら、誰もが「女性は大好き」です。自分の好みのタイプの女性であれば、なおさら「セックスしたい」と思うでしょう。セックスしたいと思うほど大切な存在なら、大切に扱って当然です。なのに、この基本ができていないのです。

例えば、目の前に1億円の壺があるとしましょう。1億円の価値があると言われれば、誰だって触ってみたくなります。そして、触るときは、誰もが、壊さないように、傷をつけないように、そっと触りますよね。これと同じことが、女性のデリケートなカラダに対してできないのは、男性が、女性の本当の価値の大きさに気づいていないからです。

男性も女性も、生きるすべての人間は、誰かに愛されたいという根源的な欲求を持っています。男性よりも遥かに感情的な動物である女性ならば、この欲求はとても強いものです。女性はみんな愛されたいのです。愛するとは、その女性を守ってあげるということです。大切に大切に扱ってあげるということです。しかし、現代人は、男性も女性も、頭の中は自分だらけ。「僕を見て、もっと見て」「私を愛して、もっと愛して」と、与えられる愛ばかりを望んでいます。セックスの時も同じです。「僕をもっと気持ち良くさせて！」「私をもっと気持ち良くして！」と、頭の中にあるのは、自分が気持ち良くなることだらけ。これでは一方通行なセックスしかできないのも当然です。

男性の皆さんは、なぜ女性は全身が性感帯なのか、考えたことがありますか？　男性の性感はペニスに一極集中しているのに対して、女性は全身に性感帯が広がっています。しかも、その感受性のレベルたるや男性とは比較にならないほど高いものです。私は、数多くの女性をスローセックスで絶頂に導いてきましたが、男性には絶対にたどり着けない天国の光景を、自分のカラダを通して私に見せてくれる女性たちの美しい姿を見るたびに、女性とは〝愛されるために生まれてきた生命体〟だと考えるようになりました。いえ、そう考えるよりほかに、これほど男性と女性のカラダの仕組みが違うことが説明できないのです。

男性の皆さんは、すでに射精よりも楽しいことがあることを学びました。後は、実践に移すのみです。愛されるために生まれてきた生命たる女性たちは、男性に愛されることを心から待っています。愛すれば愛するほど、男性の腕の中で光り輝く女性という大切な存在を、ぜひ、実感してください。それは同時に、愛された女性が、男性とはなんて素晴らしい生命体なのかということを発見する瞬間でもあるのですから。

ベッド上での〝男らしさ〟と〝女らしさ〟とは

男性と女性は平等であるべきです。特に仕事に関しては、男女格差は是正《ぜせい》されるべきでしょう。セックスでもしかりで、男性主導型のセックスが招いてきたさまざまな不幸をここで列挙するまでもなく、男社会的セックスは是正されるべきでしょう。社会に出てイキイキと働く女性が輝くように、セックスでも積極的に自己表現して、官能する美しい女性の幸せを勝ち取ってほしいと願ってやみません。〝気持ちいいセックス〟を獲得するチャンスは男女平等であり、それが理想的なセックスの形でもあります。けれども、この問題と、男女の性差を混同してしまうことは大きな誤りです。いわゆる男らしさ、女らしさと言われるものの存在を、あたかも男女平等な社会の実現の障害のように否定する動きには、日頃温厚で知られる私も声を大にして反論しなければなりません。姿かたちも考え方も違う両者だからこそ、男女は惹かれあい、愛し合い、互いの人間性を豊かに高めることができるのです。これは、自然の摂理《せつり》です。性差を否定するのではなく、性差を認め合うことが、人類を幸せに導く最大のヒント、手がかりだといっても言いすぎではないでしょう。悲しむべきことは、男女平等の御旗《みはた》の下に、男らしさや女らしさと言葉で語られる尊い人間性の本質を、男性も女性も、見誤っていることなのです。

男性が男らしさを誤解している事例は、数え上げればきりがありません。荒々しさや力強さを男らしさだと信じて疑わず、乳房の形が変形するほど強く揉んでしまったり、やみくもに激しいピストン運動をする男性などは典型でしょう。そして、この間違ったセックス技術が横行するもうひとつの理由は、女性のほうも、実はただ乱暴でしかない愛撫が、男性の〝逞《たくま》しさ〟だと思い込んでいる点にあります。

男らしさも女らしさも、パーソナルなもので、コレが男らしさだとか、コレが女らしさだと定義付けすることは私にもできません。しかし表現するうえでの規範はあります。それが、男性は愛する女性を宝物のように扱い、女性が官能する姿を美しいと思う心であり、女性は愛する男性のために、身も心も開いて優しく包み込んであげるということです。その中で、互いの男らしさや女らしさに気づき、育んでいくことが、人生の喜びへと変容していくのです。愛し合う二人の間に誕生した小さな命のことを私たちは〝愛の結晶〟と呼びます。この美しい日本語の意味を、私たちはもっと深く理解しなければなりません。

女性の社会進出が進み、男女平等が必要以上に声高に叫ばれる今、ともすれば、日常生活の中で、いわゆる男らしさや女らしさを表現する機会に恵まれないことも事実です。そんな現代社会においてセックスは、男らしさや女らしさを確認しあえる格好のステージなのです。ここにも、愛する二人がお互いを信じ合い身も心もハダカになって、互いの性をさらけ出すことの意味と意義があるのです。

男らしさ、女らしさは、パーソナルなものですが、男性と女性の性メカニズムの違いは、歴然と存在します。セックスを楽しむためには、ぜひ知っておかなければならない基礎知識です。

それが、

男性は火の性《しょう》、女性は水の性《しょう》

です。

赤々と燃え盛る男性によって、水である女性は温められ沸騰させられるのがセックスなのです。男性は射精すると火が消えてしまいますが、女性は一度沸点に達するとその温度はなかなか落ちません。この性メカニズムの基本を知らないから、セックスが特に女性にとってつまらないものになるのです。例えばやかんに入れた水を沸騰させるとき、ガスバーナーで一気に炙《あぶ》っても、水はなかなか沸騰しませんよね。どんなに強い火力でも、時間が短いと水はお湯にはならないのです。愛戯が短いセックスとはこれと同じ、すなわちジャンクセックスです。火である男性が自分の性質のみに従ってしまうため、短絡的なセックスになってしまうのです。男性は女性が水であるという性質を知り、やかんの水がチロチロとゆっくり煮立つように、時間をかけて女性を沸騰に導かなくてはなりません。スローセックスとは、男性のペースで行われてきた今のセックスを、〝水の性〟である女性の性質に合わせたセックスにシフトさせるということです。

水にはその容器によってどんな形にも姿を変えられるという特性もあります。つまり、男性の愛撫に応じて、性感帯によって、いろいろな反応を示すのです。そして、自分の目の前でさまざまに変形変容する女性の姿に、男性の火はますます燃え上がっていくのです。

彼女のそんな素敵な姿、見たくありませんか?

スローセックスは遊園地よりも楽しく、美容効果も抜群！

日本語ではセックスのことを〝秘め事〟ということがあります。とても奥ゆかしく情緒のある言葉だとは思いますが、二人の間にある秘密や隠し事は、気持ちいいセックスの邪魔者でしかありません。不満や悩み、また自分の趣味や性癖は、言葉や態度でキチンと相手に伝えるべきです。もちろん、「そこ、全然気持ち良くないんだけど」とか、「もう、イッちゃったの？」なんて、ラフすぎる言葉遣いは絶対にダメですが、男性も女性も、その圧倒的多数は、パートナーの本音を知りたがっています。どちらかが先に切り出してくれるのを双方が待っているという、私に言わせればとてももじれったい状態です。女性へのアドバイスとしては、してほしいことを言葉に出すのは、はしたないことでもなんでもありませんよ、ということ。むしろ、付き合いだしたばかりのカップルなら一番必要なことです。思ったことを言葉に出せず、互いの欲求がぶつかり合うだけのセックスでは、何の進歩も望めませんし、ストレスの原因になります。セックスについてオープンに話せる環境を作ることが大切なのですが、こんな場面こそ、ぜひ、男性がリーダーシップをとって、日本人がもっとも苦手とする、〝セックスについて愛し合う二人が話し合うこと〟に対するタブー意識をなくす努力をしてください。それがまさに本来の男らしさではないでしょうか。

モノの時代から心の時代へという言葉は、今なおスローガンのままです。世界的ミュージシャンの坂本龍一氏がロハスなどに関する活動の中で、「エロのないエコはダメ」と挑発するのも、ロハスやエコといった自然と人間の調和の論点からセックスがすっぽり抜け落ちていることに違和感を覚えていらっしゃるからでしょう。そもそも人間とは本来自然の一部であり、セックスは生命の基本的な営みなのです。自然に身を寄せるように、セックスと性を常に身近に置いて、パートナーと性的な意識を感応させることは、とても大切なことです。

そして、忌憚《きたん》なく互いの気持ちを伝えられるようになると、セックスは遊園地のように楽しいものだということがわかってきます。

「ねぇねぇ、次はどのアトラクションに並ぼうか？」

「えー、ジェットコースター怖いよぉ、絶対に最後まで手を握っててね」

セックスもこれほどオープンな感覚でいいのです。この、あたかも遊園地でデートをしているかのような感覚がつかめれば、セックスはガラリと変わります。これまでの〝射精〟にウエイトを置きすぎたセックスは、遊園地に行ったのに旧式のアトラクションがたったひとつしかなかったような状態です。楽しいはずがありません。タブーを解除して、遊園地感覚で、新しい試行錯誤にどんどんトライしてください。そうすれば遊園地のアトラクションがどんどん増えていくように、セックスがますます楽しくなってきます。

また、楽しくて気持ちいいセックスは、とても美容効果にも優れています。ご飯がおいしくいただけるとか、ぐっすり眠ることができて寝起きもいい、というのは健康な証ですが、それと同じく性欲も健康のバロメーターなのです。最近では、セックスレスの増加によって、女性でも40

代を過ぎたあたりから、「もうセックスなんかいいわ」と、開き直りというか諦めてしまう方がいらっしゃいますが、セックス頻度の多寡《たか》にかかわらず、その開き直りのモードに入った途端、女性ホルモンの分泌に多大な影響を及ぼして中性化へ向かい、一気に老化現象が加速していくことになるのです。いくつになっても瑞々《みずみず》しい女性の輝きを保つという美容の観点からも、気持ちいいセックスといつも隣り合わせにいることが重要です。

長い時間をゆったりと互いの性エネルギーが互いのカラダを巡るスローセックスでは、自然とカラダがポカポカしてきます。足のつま先までポカポカになるんですね。保温効果が持続して、健康と美容に効果があり、大きな満足と幸福を得られるという意味では、スローセックスは温泉よりも効能があるということです。

実際、当スクールに1年前まで重度のアトピーで悩んでいる女性がいました。本当の目的は不感症治療でしたが、スローセックスで、自分が絶叫体質であることを知ってからというもの、目に見えてお肌がツヤツヤになり、わずか3ヵ月でアトピー体質も解消した例もあるのです。私には、それがスローセックスと無関係なことのようには思えないのです。

巷《ちまた》に氾濫するジャンクセックスは、男性は一瞬激しく腰を動かしますから、男性のほうは汗ビッショリになることもあるでしょう。これは性エネルギーの力ではなく、単に運動によるものです。セックスが終わっても、女性のほうは汗のひとつもかけないようなジャンクセックスは、ニセ温泉よりも始末の悪い、裏切り行為と言えるかもしれません。

SPECIAL

トークセッション

4月、英国大使館にて、アダム徳永と杉本彩さんのファーストコンタクトがついに実現! 日本人カップルのセックスの実態に詳しい2人の専門家をまじえ、トークバトルは大いに盛り上がった。

「魂と魂の合体は、涙が出るほど感動します」

——杉本 彩さん

アダム　今年も日本の年間セックス回数は、26ヵ国中ぶっちぎりの最下位でしたね。(66ページ参照) 頻度と満足度も最下位。これは、とても恥ずかしい三冠王です。

杉本　まず日本の男性が精神的に弱すぎることが大きな原因だと思うんです。女性は性に対して随分と意識改革が進んできたと思うんですけど、ちょっと女性が性に対して積極的になると、それだけで腰が引けてしまう男性が多すぎる。一般男性が、私のことを、過剰に性欲が強い女だと思っていらっしゃることなど、その典型ですよね。

池下　セックスの重要度に対する意識も26ヵ国中25位とブービー賞。射精をすれば満足する男性と違って、女性は愛を感じられないと性欲もわいてこないという女性心理を、日本の男性は理解していないのでは。そう思いませんか?

アダム　まったくです。私が経営しているセックス・スクールで性技指導を受講する男性にアンケートをとってみると、セックスにかける時間の平均が、前戯と交接を合わせてもたった20分というのがアベレージなんです。これはセックスではなくて単なる生殖行為ですよ!!

「感性を磨くことが、愛の技術を高めていくために重要なんです!」

——アダム徳永

杉本　肉体的な快楽は大切ですけど、魂と魂が合体するようなセックスをすると、涙が出るほど感動します。やはり人間のセックスは、知的レベルがとても問われると思うんです。

「アダムさんの著書はすべて読んでおります。愛が伝わるセックスのためには訓練も必要ですよね」

杉本 彩さん

©小堺正紀

アダム　本当にそのとおり！　いいセックスをするためのキーワードは、〝感性〟です。本来、日本人のＤＮＡには、蛙が池にポチャンと飛び込んだだけでも一句詠めるくらいの、豊かな感性が備わっているんです。例えば、彼女の唇はなんてセクシーで美しいんだろうと、相手の唇だけで一句詠めるくらいの感性が研ぎ澄まされれば、キスもセックスもガラリと変わってくるんです。

「セックスレスの進行はとても深刻な問題」
——池下育子先生

杉本　わたくし、実はアダム先生の著書を読ませていただいたんですけど、1時間以上かけて女性の全身を愛撫するというスローセックスは、本当に素晴らしいと思いました。食事もそうですけど、セックスもゆったりと時間をかけておいしく味わってほしいですね。

アダム　性欲と性欲、肉と肉のぶつかり合いだと思っているから、ジャンクセックスになるんです。〝射精〟や〝イク〟といった短絡的な快楽にこだわらず、丹精込めてお互いに愛撫を楽しめば、本当のセックスの醍醐味である、〝官能の世界〟に入っていくことができるんです。これがまさに、先ほど彩さんがおっしゃられた〝魂と魂の合体〟の入り口になるんだと思います。

「彩さんは悩める女性たちのお手本。女が変われば男も変わります」
——二松まゆみさん

二松　ただ実際には、日本のカップル全般に言えることですが、仕事やストレスで、物理的にも精神的にも、ラブラブな時間を作ることができないという現状があります。夫は「妻がブクブク太って、一日中家の中でジャージ姿」、妻は「夫がメタボリックで加齢臭」と、そんな相手とセックスしたいと思えないと訴える。エロスは失ってはダメとアドバイスするんですけど。杉本さんのような美しい女性ばかりなら、このような結果は出なかったと思うんですが。

杉本　魅力的になるための時間と労力を惜しんでいては、男性をソノ気にさせることはできないと思います。わたくしの場合は、〝ランジェリー・ピンヒール・香水〟の3つを、エロスの3大エッセンスと位置づけて、日々精進しております。お互いに自分を磨き、相手を尊重する気持ちがあれば、セックスは熱く燃え上がります。そんなセックスは、自然と、スローセックスの方向に向かっていくのではないでしょうか。回数というより質ですね。

アダム　恥ずべき最下位脱出のためにも、ぜひ、そうなってほしいですね。がんばりましょう!!

▶杉本 彩さん
女優
68年生まれ。京都府出身。女優、ダンサー、官能小説家など、多方面で活躍。好きな言葉は「自由と快楽」。エロスの女王がセックスと美について赤裸々に語った、『杉本的、美人図鑑』（アスコム）が好評発売中。

▶池下育子先生
池下レディースクリニック銀座 院長
産婦人科医。性の悩みに、本音でアドバイスとエールを送る働く若い女性の味方。『婦人科でキレイになる!』（小学館）など著書多数。

▶二松まゆみさん
夫婦仲と性の相談所 所長
夫婦仲、セックスレスなどをテーマに精力的に取材。著書に、『となりの寝室』（講談社）、『抱かない男、抱かせない女』（スターツ出版）など。

Durex Sexual Wellbeing Global Survey 2007

世界の〝年間セックス回数〟ランキング

♥	世界平均	103回
1位	ギリシャ	164回
2位	ブラジル	145回
3位	ロシア	143回
3位	ポーランド	143回
5位	インド	130回
6位	スイス	123回
6位	メキシコ	123回
8位	中国	122回
8位	ニュージーランド	122回
10位	イタリア	121回
11位	南アフリカ	120回
11位	フランス	120回
13位	スペイン	118回
14位	ドイツ	117回
15位	マレーシア	115回
15位	オーストリア	115回
17位	タイ	108回
18位	オーストラリア	106回
19位	カナダ	100回
20位	オランダ	94回
21位	イギリス	92回
22位	アメリカ合衆国	85回
22位	シンガポール	85回
24位	ナイジェリア	84回
25位	香港	82回
26位	日本	48回

▶ 傾向と対策

愛と神話の国、ギリシャが１位。2.2日に１回です。素敵ですね! ５位のインドはスローSEXの源流ともいうべき性の経典「カーマスートラ」を持つ、性の先進国。満足度も 61%と高い。東アジアのトップは中国。日本は〝８日に1回〟が〝４日に1回〟に増えれば、香港もアメリカも抜けるのですが……。

「デュレックス　セクシャル　ウェルビーイング　サーベイ 2007」とは?

世界のコンドームのトップメーカーである、イギリスのデュレックス社が2006年に26ヵ国の性交経験者2万6000人以上に実施した調査結果。セックスに対する満足度、多様性、性教育の浸透度などさまざまなトピックスをより詳細に調査。現在、性に関するもっとも包括的なデータとされている。www.durex.jp

第二章

愛撫のしかた

アダムタッチのしかた

すべての女性を、〝全身性感帯〟&〝超高感度体質〟に変身させる究極のフィンガーテクニック!
アダムテクニックの真髄をマスターせよ!

スローセックスの根幹を成す愛撫法であり、私の代名詞でもあるフィンガーテクニックが〝アダムタッチ〟です。アダムタッチは単に女性をイカせるテクニックではありません。女性を感じさせながら、同時に感じやすい体質へと劇的に変化させていくのです。ここが、既存のテクニックとの大きな違いです。この後の各部位別愛撫法のパートでも頻繁に登場する汎用性の高いテクニックなので、しっかり学んでください。では、さっそく愛撫法をレクチャーしていきましょう。

まず、手のひらを肌から水平に2㎝浮かせた位置から、5本の指先だけを肌の上にそっと置いてください。これが手の基本形になります。ポイントとなるのは、指先が皮膚に触れるか触れないかの微妙で繊細な〝ダッチ圧〟。「強い刺激ほど感じる」という思い込みがそもそもの大間違い。強いとは真逆の〝微弱〟な愛撫こそ、女性の性感帯に理想的な刺激を送り込むのです。

指は楕円運動で動かします。女性は「規則正しい動きに安心する」性質があるのでとてもリラックスできます。なおかつ次の指の動きを予測できるため、「もうすぐあそこを触ってもらえる」

という期待感が、性感の開発に効果的に作用します。

実践の際に厳守すべき基本ルールが2つあります。第一は、等間隔に並んでいる指先を無闇に動かさないこと。一般的なイメージとして、マジシャンのような巧みな指使いがテクニシャンと思われているようですが、これは大きな誤解です。女性のカラダは、微弱な刺激を継続的に受信することで、その感受性を増していきます。指先を動かすと、タッチ圧がバラバラになって、適切な刺激を安定供給できなくなってしまうのです。

手を動かすスピードは、秒速3㎝が適正速度です。じれったいほどゆったりとした動きこそ、物理的刺激を性的快感に変換していく女体のメカニズムにベストマッチした速度なのです。

愛撫を気持ちいいと感じるのは皮膚ではなく〝脳〟です。指先による微弱な物理的刺激と、指先からの性エネルギーが、相乗的に脳を活性化させることで、女性のカラダを不純物のない完全なる全身性感帯へと進化させていくのです。これがアダムタッチの真髄です。

一見シンプルで簡単そうに思えるアダムタッチですが、実際にやってみると、男性は女性が感じ始めると、その姿に興奮して、いつのまにか〝強く、早く〟と、いつものジャンクな愛撫に戻ってしまいがちです。〝優しく、ゆっくり〟を頭ではなく、カラダに沁み込ませるために、ぜひ、日常生活でもアダムタッチを使ってください。女性の肩を抱く、グラスを持つなど、手を使う場面は、日常生活のあらゆるところにあります。女性だけではなくすべての身の回りの物を〝そっと大切に扱う〟という基本動作は、男性をいつのまにかセクシーなテクニシャンに変貌させるのです。

図解 アダムタッチのしかた

1cm間隔
手の動かし方は楕円形（円形）が基本。
時計回りが原則
指の速度は秒速3cm
3cm/sec

手の動かし方

“右回りの楕円形”が、手の動かし方の基本。背中や腰のような広い部位は、“大きな楕円”を、腕や太もものような横に長い部位は、“細長い楕円”を描いてください。愛撫する部位の面積いっぱいの楕円形を描くのがポイントです。

指の速度

興奮してくると、思わずスピードアップしてしまいがちですが、早すぎても遅すぎても、“秒速3㎝”の適正速度からはずれた瞬間、それはもうアダムタッチではなくなってしまいます。頭の中で3つ数えて10㎝動かすのが目安です。

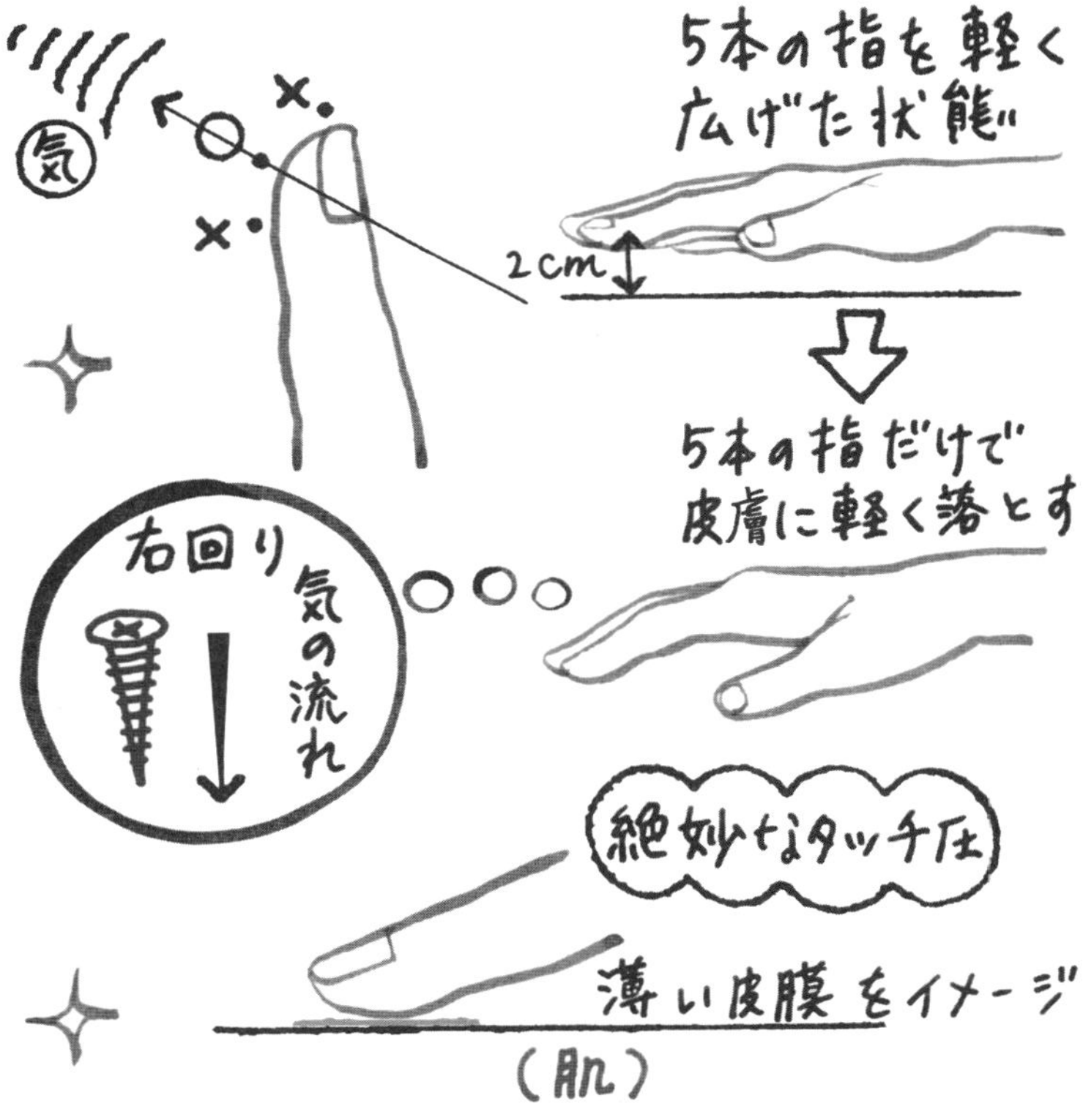
気
5本の指を軽く広げた状態
2cm
5本の指だけで皮膚に軽く落とす
右回り
気の流れ
絶妙なタッチ圧
薄い皮膜をイメージ
（肌）

アダムタッチの基本形

この手の基本形を、指先に形状記憶させることが、アダムタッチ習得の第一歩。

テクニカルなメソッドとは別に、もうひとつ重要な要素が、指先から発せられている〝気（性エネルギー）〟のパワー。手のひらの中央部には〝労宮《ろうきゅう》〟という強い気を発するツボがあり、手のひらの中央部を軽く凹面にした手の形は、指先からもっとも気を放出しやすくなる手の形なのです。

絶妙なタッチ圧

アダムタッチでもっとも重要なポイントが、指先が肌に触れるか触れないかの、〝超ソフト〟なタッチ圧。肌と指の間に薄い皮膜があるイメージを持つと、感覚がつかみやすいでしょう。

髪の毛と顔への愛撫

髪の毛への愛撫で、性感センサーを〝強→微弱〟にチューニング。
髪の毛から連動して、次は性感帯の宝庫である〝顔〟へ。
愛する異性の顔をもっともっと愛してあげましょう！

スローセックスの実践で重要なのは、今までの大味なセックスからの脱出です。具体的には、ジャンクセックスで強い愛撫に慣れてしまったカラダを、ソフトな刺激を快感と受信できるカラダにチューニングしていく作業が必要なのです。

このチューニングに有効なのが、〝髪の毛への愛撫〟です。「エッ、髪の毛を愛撫？」と思う方も多いと思いますが、では試しに自分の髪の毛をそっと撫でてみてください。髪の毛自体には神経は通っていませんが、髪の毛への刺激が毛根を通じて、微かな刺激が頭皮に伝わりますよね。この感覚です。これまでの「強い刺激ほど感じる」という非常識がまかり通っていたセックスでは想像もできない、微弱な刺激を〝心地よい〟と感知することが、強い刺激にまみれて鈍化した性感帯の感受性を、本来の敏感なカラダへ矯正していくためのファーストステップとなるのです。

そもそも愛する異性の髪の毛を撫でたいと思うのは本能です。誰だって、可愛い犬や猫を見たら毛並みを撫でたくなりますよね。撫でられた犬や猫はあなたの愛情を感じて気持ち良さそうに目を細め、そんな喜ぶ姿を見れば撫でたほうも幸せな気持ちになって癒されます。この自然の摂理とでも言うべき幸福のメカニズムは、すべての男女の脳にインプットされているのです。

髪の毛への愛撫で、微細な刺激にチューニングを合わせた後は、〝顔への愛撫〟です。スローセックスでは当然の愛撫の順序なのですが、実践できている人はとても少ないようです。皆さん、〝顔は性感帯の宝庫〟という事実を知っていますか？　恐らく初めて耳にする方が大多数だと思います。その証拠に、「カレって俳優の○○似で超カッコイイの」とか、「目のパッチリしたコがかわいいよな」などと、恋愛において異性の顔は、重要なファクターのひとつなのに、いざセックスになると、異性の顔を放ったらかしにしてしまっているのです。奇妙で矛盾した話です。〝女性は全身が性感帯〟という周知の情報が、当然、全身の一部である〝顔〟への愛撫として実践で生かされていないのはなぜか？　それは男性が、間違った固定観念に縛られ、「顔は感じない場所」と思い込んでしまっているからです。顔は、超高感度な場所なのです。顔が恋愛のキメ手になることは、珍しいことではありませんし、恋愛の入り口に〝見た目〟があることは決して悪いことではありません。そして、顔への愛撫を怠ることは、大罪に値する非常識なのです。

強烈な快感だけではなく、淡い快感をたゆたうことを楽しむのもセックスの醍醐味のひとつであることを、経験の浅い若いカップルが知る上で、顔はもってこいの性感帯です。現実において、顔を愛撫した経験のある男性が少ないのは、皮肉を言えば、お得意の「強い愛撫」が繰り出せなかった場所だからでしょう。さぁ、早速アダムタッチの出番です。

図解 髪の毛と顔への愛撫

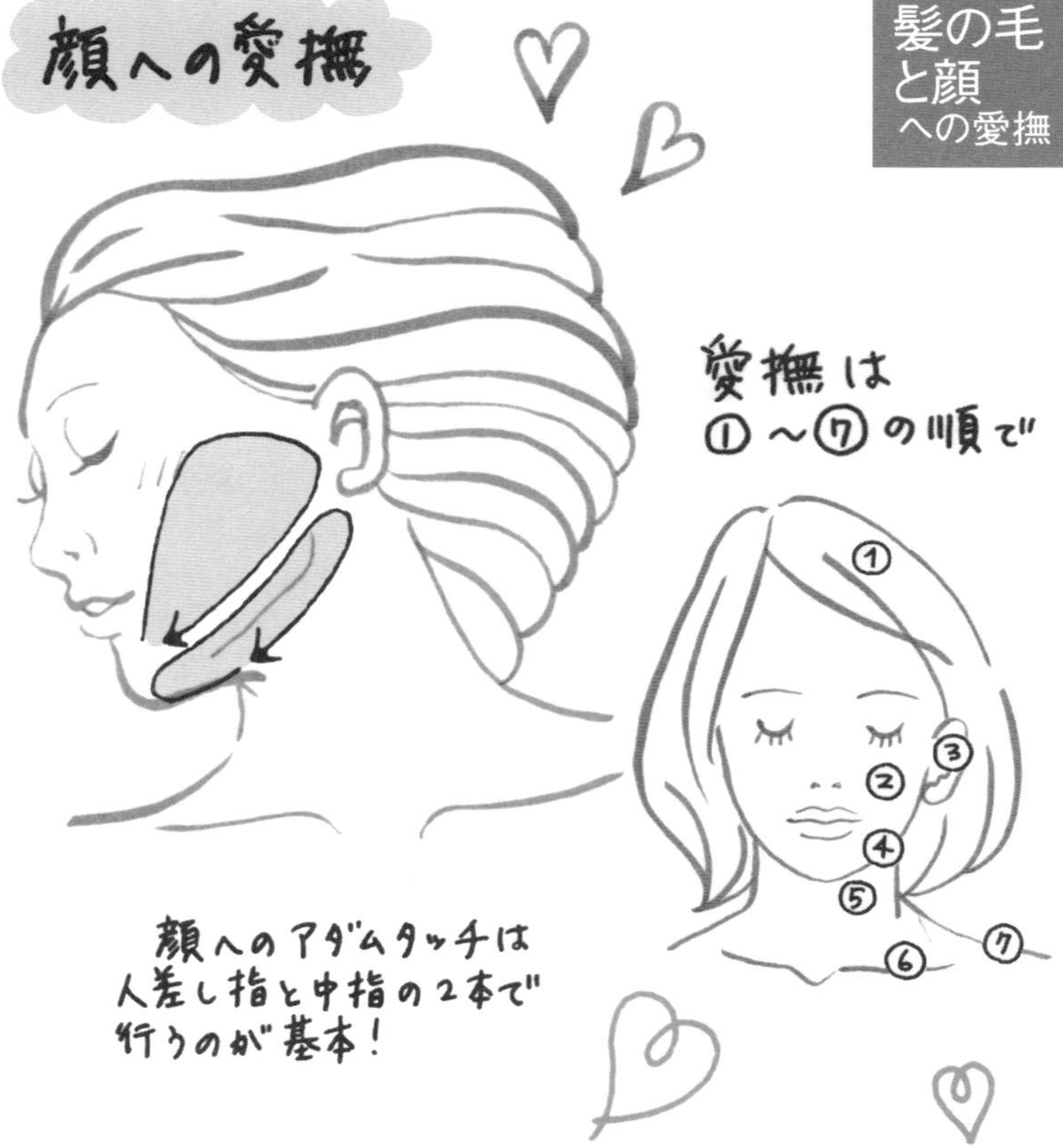
顔への愛撫
愛撫は
①〜⑦の順で
①
②
③
④
⑤
⑥
⑦
顔へのアダムタッチは
人差し指と中指の2本で
行うのが基本!

顔への愛撫

テクニックそのものは、難しいことはありません。人差し指、中指、薬指のうち、やりやすい2本の指を使って、優しくそっと女性の顔を撫でてあげるだけでいいのです。特に、頬、あごのライン、唇とその周辺は高感度です。単に肉体的感覚として気持ちがいいというだけでなく、〝カレに愛されている〟という実感が、女性の脳を絶妙に刺激します。

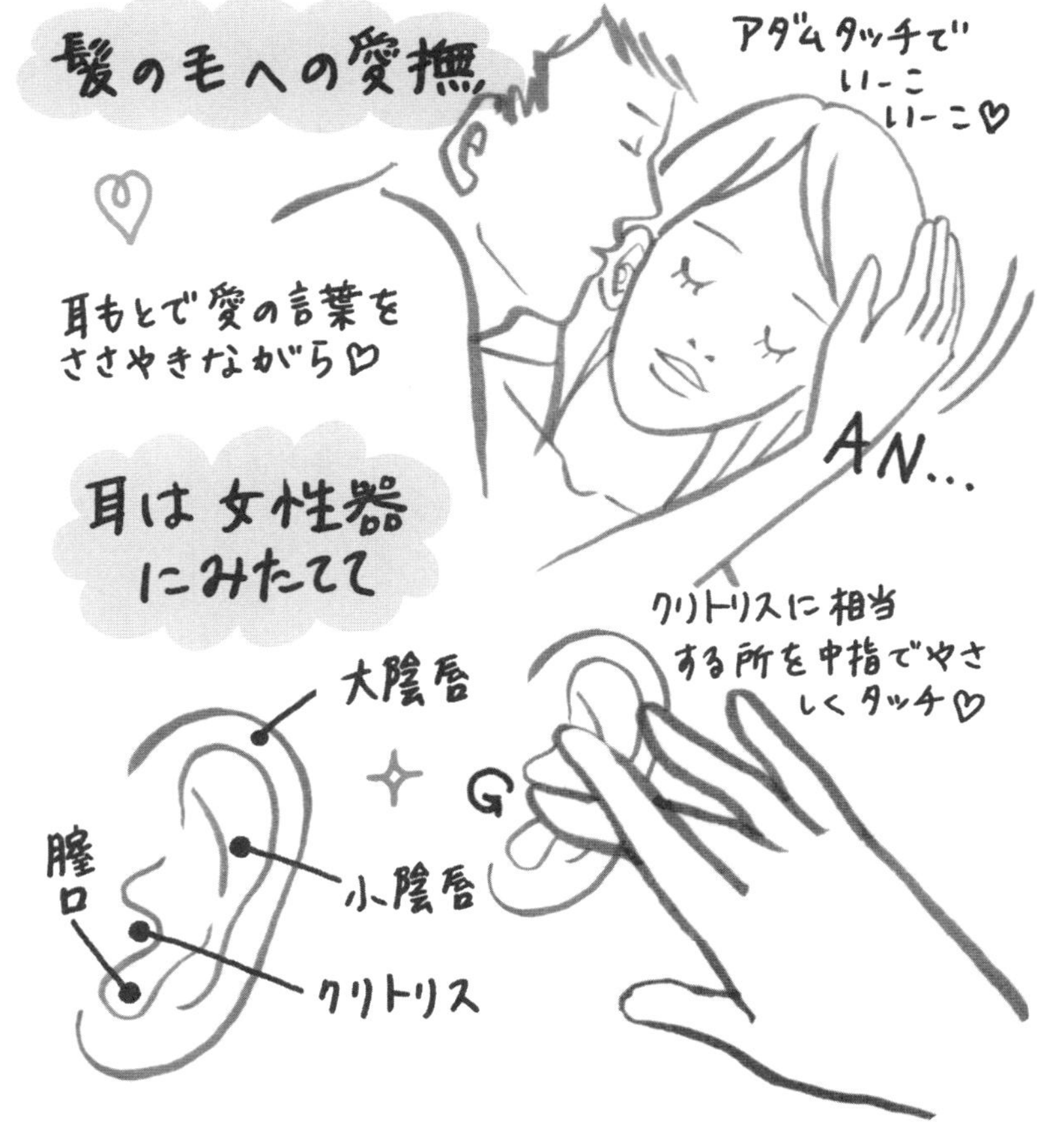
髪の毛への愛撫
アダムタッチでいーこいーこ♡
耳もとで愛の言葉をささやきながら♡
AN…
耳は女性器にみたてて
クリトリスに相当する所を中指でやさしくタッチ♡
大陰唇
小陰唇
膣口
クリトリス

髪の毛への愛撫

つむじから毛先方向へ、愛情を込めて、優しく丁寧に撫でてあげましょう。女性の耳元に口を寄せて、愛の言葉を囁《ささや》いたり、甘い吐息を吹きかけながら愛撫すると、女性の〝脳への愛撫〟はさらに効果的になります。

耳は女性器に見立てて

耳をベチョベチョと舐めて唾液まみれにする男性がいますが、オヤジテクニックは女性に嫌われる元。指1本か2本で紳士的にアダムタッチしましょう。その際に、耳を女性器に見立てて、本当に女性器を愛撫しているイメージで行うと効果的です。輪郭は大陰唇、その内側の複雑な部分は小陰唇、耳の穴の前の出っ張りはクリトリス、その下の窪みは膣口に当たります。

キスのしかた

キスの充実度が、セックスの満足度を大きく左右する。
理想的なキスを実践するポイントは、〝深い感性〟。
異性のおいしい唇を味わいながら、五感を研ぎ澄ませよう！

キスはセックスの導入部で、非常に重要な愛の技術です。最初に男女の粘膜と粘膜が触れ合う神聖でセクシャルな行為であり、セックスの快感度や満足度を大きく左右する性エネルギーの出会いの瞬間でもあるのです。しかしながら、射精が最大の目的になっている男性の中には、キスを単なる通過儀礼と考える人が少なくありません。「キスもしないで挿入したら酷い男だと思われるからキスする」くらいの感覚です。対して多くの女性は、キスをカレの愛情を計るモノサシと捉えています。こんな噛み合わない2つの歯車では、特に女性側は、短絡的な快楽さえ手に入れることは難しいでしょう。幸福感など夢のまた夢です。

今こそキスの素晴らしさを見直しましょう。豊かなキスは、そのままセックスの味わいの深さに繋がります。何事も最初が肝心と言いますが、キスの重要性と価値観を知らなければ、気持ちいいセックスの正しいスタートラインに立つことはできないのです。

一般には情熱的で荒々しいキスが、最上級のキスのように思われがちですが、それはキスの一パターンに過ぎません。決して、濃厚でエロティックなキスを否定しているわけではありません。お互いに盛り上がっている状況なら、ブッチュー、レロレロ～が自然の成り行きということもあるでしょう。しかし、理想に思える超興奮状態は、墓穴を掘る危険性を孕《はら》んでいます。いきなり激しいキスでスタートすると、興奮度ＭＡＸな男性側の性が優先されて、女性への前戯が不十分なまま、男性だけが沸点に達してしまいがちなのです。男性はそれで満足かもしれませんが、女性にしてみれば、「アレッ、もう終わり？」と、最初の盛り上がりを恨むことになりかねないのです。そもそも、いきなり男性が舌をねじ込んでくるようなキスは、濡れてもいない膣にペニスを挿入するようなもので、尊厳ある人間のセックスでは礼節を欠く行為だと私は思うのです。

では、理想的なキスとは何か？　それは、五感すべてをフル稼働させて、〝深い感性で味わう〟キスです。たとえば同じ料理でも、目で味わい、匂いや食感や恋人との会話を楽しむという、味覚以外の感覚が総合されていくことで、〝おいしい〟は〝幸福〟という最上級な感覚へ昇華されていきますよね。キスも同じ。性欲を満たすだけのキスと、〝幸福感〟に包まれるキスとの決定的な違いは、感性にあるのです。キスの時、相手の唇をじっくり観察してみましょう。相手の唇だけで一句詠めるような豊かな感性が、キスに革命を起こします。

セックスの導入部におけるキスは、〝ソフト〟が基本です。まさにアダムタッチ的なキスをイメージしてください。そして、女性とは、フランス映画のラブシーンのような美しいセックスの始まりを望んでいるということを、男性はしっかりと頭に叩き込んでおきましょう。

図解

キスのしかた

愛情が伝わる

レインボーキス

感受性と感性を高める実践的な7種類のキステクニック。五感をフル活用して、正しいスタートラインに立ってください。

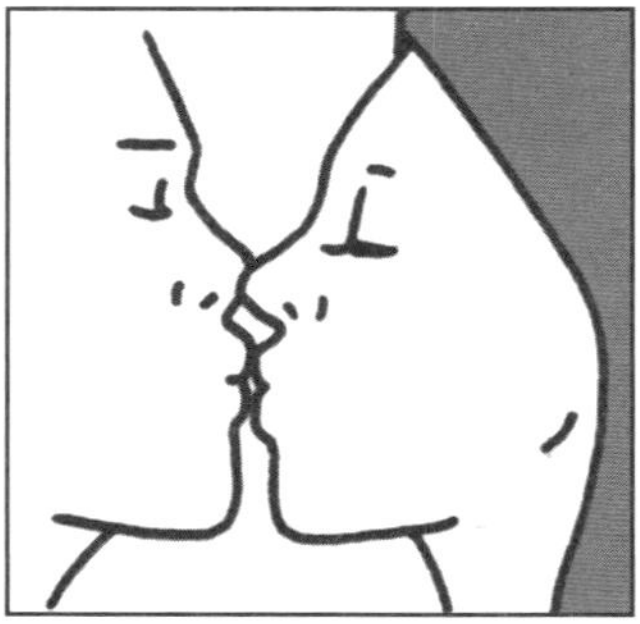

❶アダムキス
［めやす 20秒］

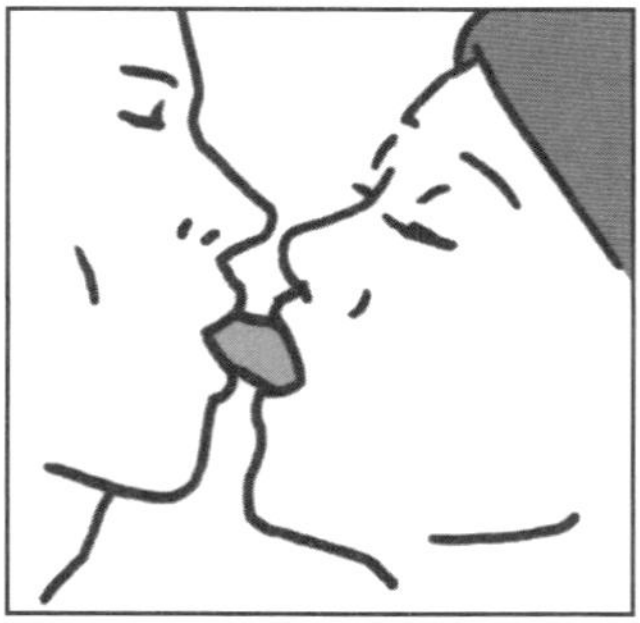

❻ペニスキス
［めやす 1分］

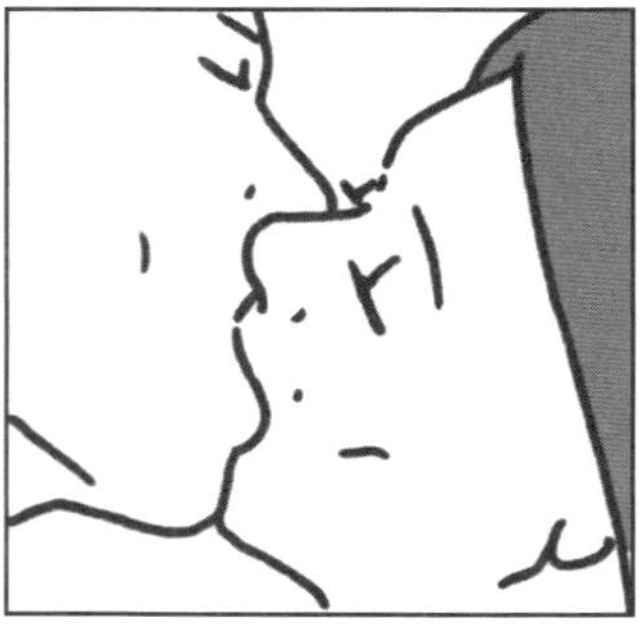

❼バキュームキス
［めやす 2分］

❸サウンドキス

わざとチュッという音を立て〝聴覚〟を刺激するキス。お互いにミュージシャンになったつもりで、心地よい音楽を奏でましょう。下品にならないように。

❷ビギニングキス

唇をひと塊に捉えるのではなく、上唇・下唇・口角（唇の端）と、少なくとも3つのパーツに分解して、異性のおいしい唇を、〝触覚〟で味わってください。

❶アダムキス

唇によるアダムタッチ。唇と唇が触れるか触れないかの攻防を繰り返し、お互いの体温や息遣いが性エネルギーの交流を始める絶妙な距離感を楽しみましょう。

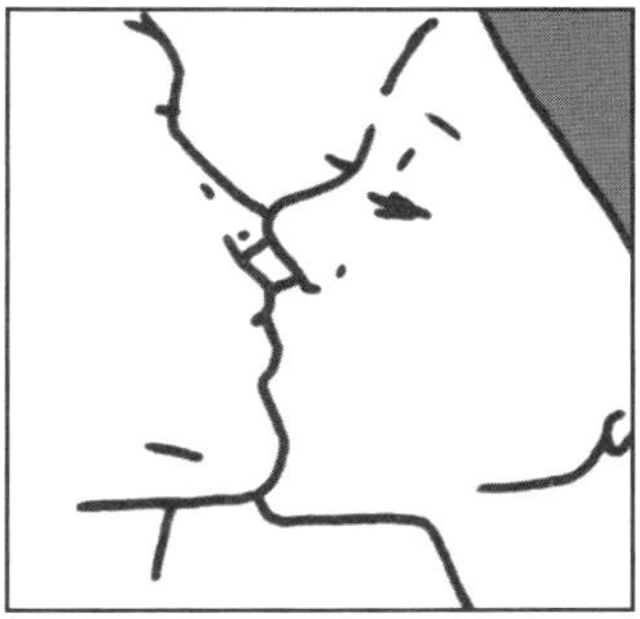

❤2 ビギニングキス
［めやす 2分］

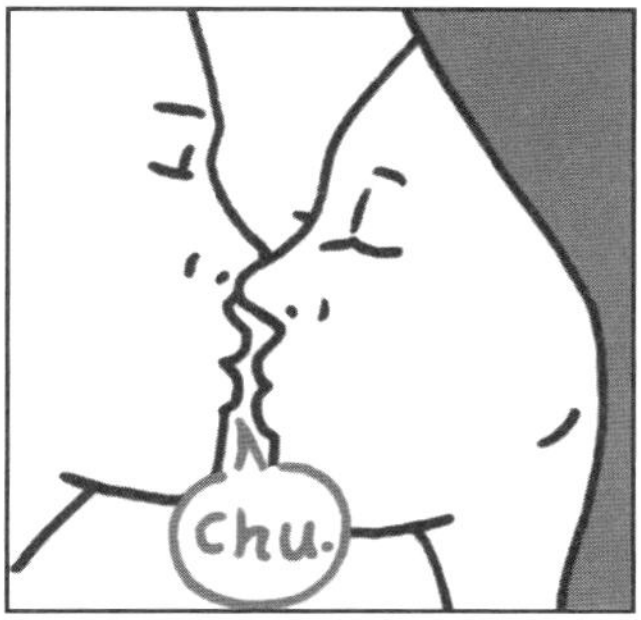

❤3 サウンドキス
［めやす 1分］

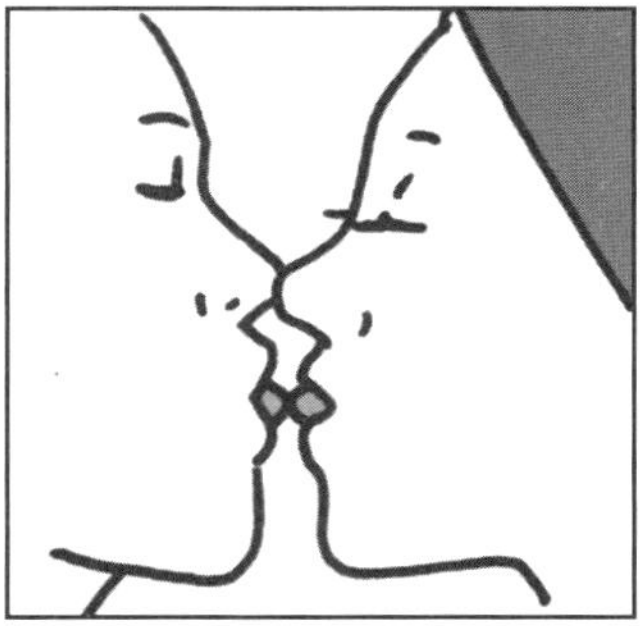

❤4 タン(舌)キス
［めやす 40秒］

❤5 ディープキス
［めやす 3分］

❤4 タン(舌)キス

まだこの段階では、激しく舌を絡め合ってはいけません。ライト感覚に、何かのゲームでも一緒に楽しんでいるかのように、舌先と舌先を遊ばせてください。

❤5 ディープキス

さぁ、五感は研ぎ澄まされました。紳士淑女の仮面をとって理性を解除するときです。欲望の赴《おもむ》くままに、濃厚に淫靡《いんび》に猥褻《わいせつ》に舌と舌を絡め合ってください。

❤6 ペニスキス

舌をペニスに、口を膣に見立てて、交互に挿入します。いわば、口と舌で行うバーチャルセックスです。舌に力を入れず、なるべく柔らかくするのがコツ。

❤7 バキュームキス

バキュームというのは吸引という意味です。それこそお互いの口の中が真空状態になって、唇が真っ赤に腫れあがるほどに、情熱的に吸引し合いましょう。

男性からの愛撫の手順と姿勢

場所によって、快感のレベルや質がまったく異なる女性の性感帯。
女性の性感が奏でる無数の音色を操り、
壮大でドラマチックな官能の交響曲を紡いでください。

男性受講生からはたびたびこんな質問を受けます。

「あのー、時間がないときは、どこを省略すればいいんですか？」

女性を満足させたいと思って、スクールの〝性技指導コース〟を受講される男性にしてこうなのです。興味の対象は、局所的なテクニックのことばかり。女性をイカせたことがないという一般男性のすべてに共通するのは、大局を見通した戦略がなさ過ぎるということなのです。

私は常々、〝セックスは交響曲である〟と説いています。全身性感帯の女性は、ただ〝全身が感じる〟のではありません。乳首と耳では快感の種類が違いますし、同じ乳首でも、指と舌では快感の質が違ってきます。つまり、女性のカラダとは、種類の違う楽器が無数に散りばめられているような状態なのです。セックスの醍醐味とは、女性の性感が奏でる無数の音色を、男性が操り、壮大でドラマチックな交響曲を完成させることなのです。短絡的な快感だけでは交響曲は紡げません。一流のコンダクターになるため重要なのが〝愛撫の手順と姿勢〟です。

スクールでは、愛撫の手順を、ステップ1からステップ5までの5段階に分けて指導していますが、そのさわりを少し紹介すると、次のようなものです。

まず女性が仰向けの体勢で、髪の毛の愛撫に始まり、顔への愛撫、肩から腕、そして指先、その後、女性を横抱きにして脇腹を通って腰骨から背骨、肩甲骨、それから足先からふくらはぎ、大腿部から臀部《でんぶ》へと、カラダの背面すべての性感帯を愛撫したのち、再び女性を仰向けにして、カラダの表面への愛撫に移行しても、乳首に指が触れるのは、まだまだステップの後半で……、といった具合。

最初に髪の毛を愛撫するのは、女性の性感センサーを超ソフトな刺激でチューニングしていくためですし、背面の愛撫が腰からスタートするのは、腰には〝仙骨《せんこつ》〟と呼ばれる性エネルギーを造成するツボがあるからで、愛撫していく順番には、ちゃんとした理由と目的があるのです。

そして、各性感帯を的確に愛撫していくためには、性感帯の場所を考慮した、愛撫に適した姿勢（ポジショニング）が非常に大切なポイントになります。

自画自賛で恐縮ですが、私は女性受講生の方々から、たびたび次のような賛辞を頂戴します。

「男性であるアダム先生が、なぜこんなにも、女性の性感帯の〝痒《かゆ》いところに手が届く〟愛撫法を完成させられたのかと、本当にビックリします。同じ性感帯でも、その順番が違うだけで、快感のレベルがこんなにも違うものなのかと、女性である私のほうが逆に教えられるほどです」

女性からそう言われるのは本当にうれしいものですよ。さあ、次はあなたが言われる番です。

図解 男性からの愛撫の手順と姿勢

A 仰向けで　●左手で相手の右手を握りながら
前腕→二の腕→わき腹→二の腕→わき腹

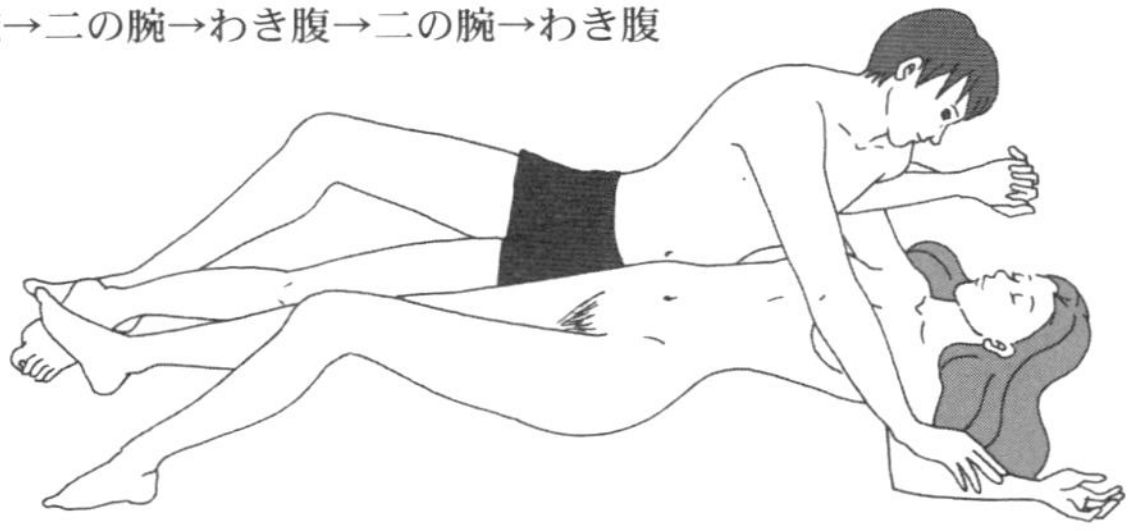

B 横抱きにして　●抱きかかえるようにゆっくり起こし
腰→背中→わき腹を通って→腰→背中

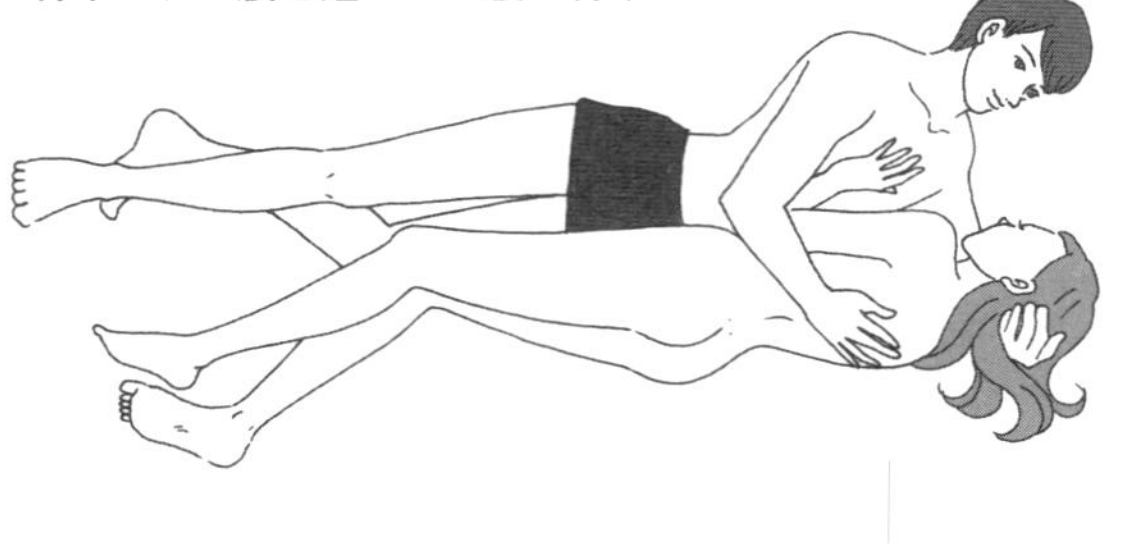

A

最初は女性の右側に添い寝する体勢から

手を握るのは、女性に安心感を与えつつ性エネルギーの交流を促進させるため。肌に触れるか触れないかの微細で絶妙なタッチ圧で、女性を癒そう。

B

左手で腕枕して右手で背面を愛撫

左腕で腕枕しながら、女性を自分の方に90度回転させるように右手で引き寄せて、女性の背面を愛撫していきます。仙骨がある腰への愛撫は特に入念に。

C うつぶせにして ●お尻に優しくキスしながら
↓ 足の裏→ふくらはぎ→太もも→お尻→お尻の割れ目

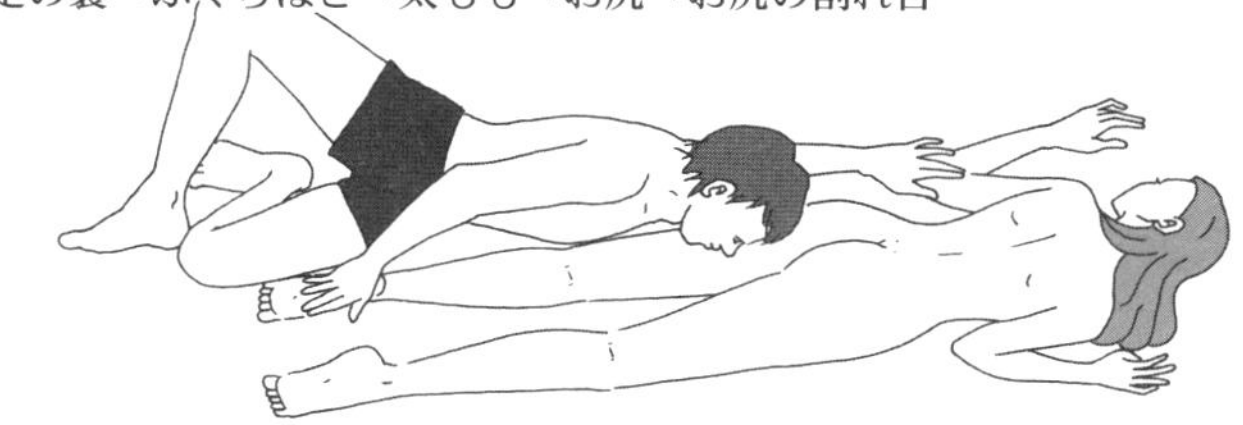

↓

D 仰向けに戻し ●左手で相手の右手を握りながら
↓ 下腹部→乳房→乳首
※ここまで20分。やっとオッパイに到着。

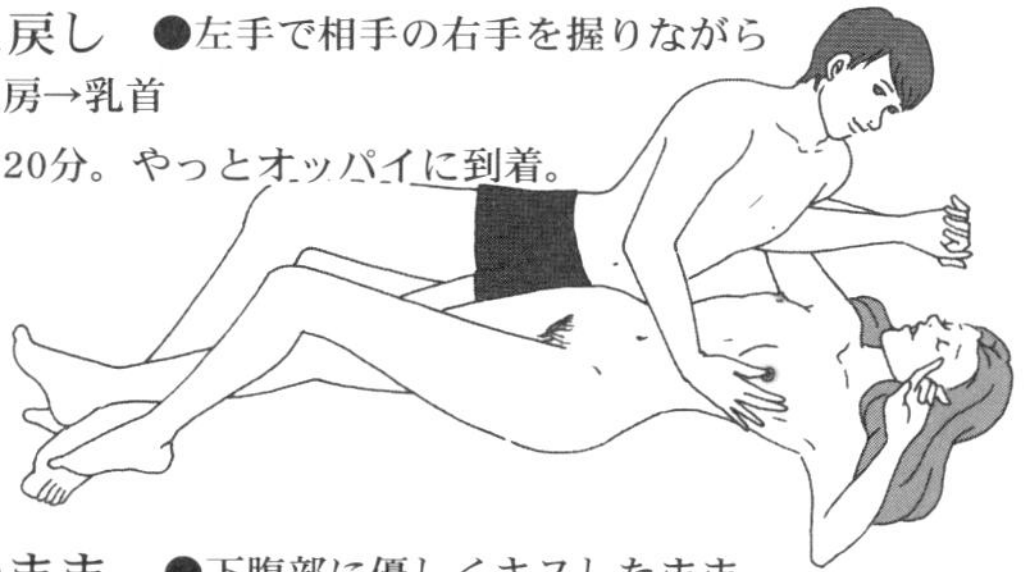

↓

E 仰向けのまま ●下腹部に優しくキスしたまま
足の甲→すね→太もも→女性器の寸前。

※ここまで30分。クリトリスへ。

E

全性エネルギーを クリに収束させる

男性は下に移動し、クリトリス愛撫への前哨戦の幕開け。これまでの愛戯で女性の全身に充塡《じゅうてん》された性エネルギーをクリトリスに収束させていくイメージで。

D

大局的なじらしが 感度をUPさせる

女性を仰向けに戻して前面の愛撫へ。注目すべきは乳首へのファーストタッチまで、20分以上かける時間配分。高感度な乳首が、もっと敏感になるんです。

C

下半身への愛撫は 「下から上」が原則

さらに女性を90度回転させてうつぶせにしたら男性は下に移動して下半身の愛撫へ。下半身愛撫は〝下から上〟が原則。太もも裏などにキスしながら丹念に。

首から鎖骨への愛撫

男性の多くが見落としている顔と胸の中間地帯には、
女性に〝気持ちいい癒し〟を与えるポイントが集中している。
癒しながら高感度に変える！　スローセックスの真骨頂です。

キスの次に、すぐに愛撫の照準がオッパイに移行してしまうのが、今、日本全土を侵食しているジャンクセックスの悪しき典型です。実は、ふだんほとんどの男性がスルーしてしまっている顔とオッパイの中間地帯、すなわち首から鎖骨近辺には、スローセックスの愛のルールであると同時に醍醐味でもある、〝感じるを楽しむ〟ポイントが集中しているのです。

まずは〝首への愛撫〟から。首は、うなじと首筋（耳の裏側から鎖骨中央に斜めに下ろしたライン）を中心に愛撫していきます。もちろん、愛撫にはアダムタッチが最適です。ただし、エリアが狭い性感帯なので、使用する指は人差し指と中指の２本だけを使います。指の動かし方は、細長い楕円形を描くようなイメージ。そして触れるか触れないかの絶妙で繊細なタッチ圧を心掛けましょう。

ジャンクセックスの最大の欠点は、セックスの最中、常に男性も女性も〝イク〟を目標にしてしまうことです。首への愛撫だけでは、どんなに感度のいい女性であっても、イクという現象は、まず起こりませんよね。すると、ジャンクセックス的立場に立てば、イクに直結しない性感帯の愛撫のほとんどが無駄な行為ということになってしまいます。そんなバカなことはありません。繰り返しになりますが、強い刺激ではなく、淡い刺激に女性の性感のチューニングを合わせて、淡い快感をたっぷり味わい楽しんでいくことで、ジャンクセックスでは味わえない深い官能を堪能することができるのです。

首の次は、〝鎖骨への愛撫〟です。いつも、女性のオッパイやお尻ばかりに目が行ってしまう男性は、愛撫しながら、女性の鎖骨をじっくり鑑賞してみてください。同じ鎖骨でも、ゴツゴツした男性のそれとはまったく異なる、女性ならではのしなやかな曲線と凹凸が織り成す渓谷の美しい景色に、男性は改めてハッと息をのむことでしょう。鎖骨は、〝窪み、鎖骨、鎖骨の下側〟の3ヵ所に分解して、隅々まで丹念に愛撫しましょう。男性が頭の中でどれほど「愛してる！」と思っていても、漠然とした散漫な愛撫では、愛情は漠然としか女性には伝わりません。丹念な愛撫によって、癒されてリラックスした状態の中でこそ、女性は愛されていることを実感できるのです。そして、愛されているという実感が、性的な刺激と相まって性感脳が活性化されます。

心が癒されながらカラダが敏感になる。これがスローセックスの効能です。

鎖骨まで来ると、オッパイの裾野がすぐそこに広がっています。しかし、オッパイの頂を目指すのはまだまだ先です。鎖骨の次は、〝肩への愛撫〟に移りましょう。そして肩の次は、二の腕、上腕、手のひら、指先へ。気持ちいい奥の細道の旅路はまだまだ始まったばかりです。

図解 首から鎖骨への愛撫

首から鎖骨でメロメロ♡
A A A….
うなじ
肩
アゴのライン
首すじ
鎖骨

うなじ＆首すじ

男性と女性のポジショニングの関係で、つい指先が立ってしまいがちな場所ですが、アダムタッチの項で学んだ手の基本形をしっかりとキープして、揃えた人差し指と中指の指腹が愛撫する面に対して平行になるように気をつけてください。

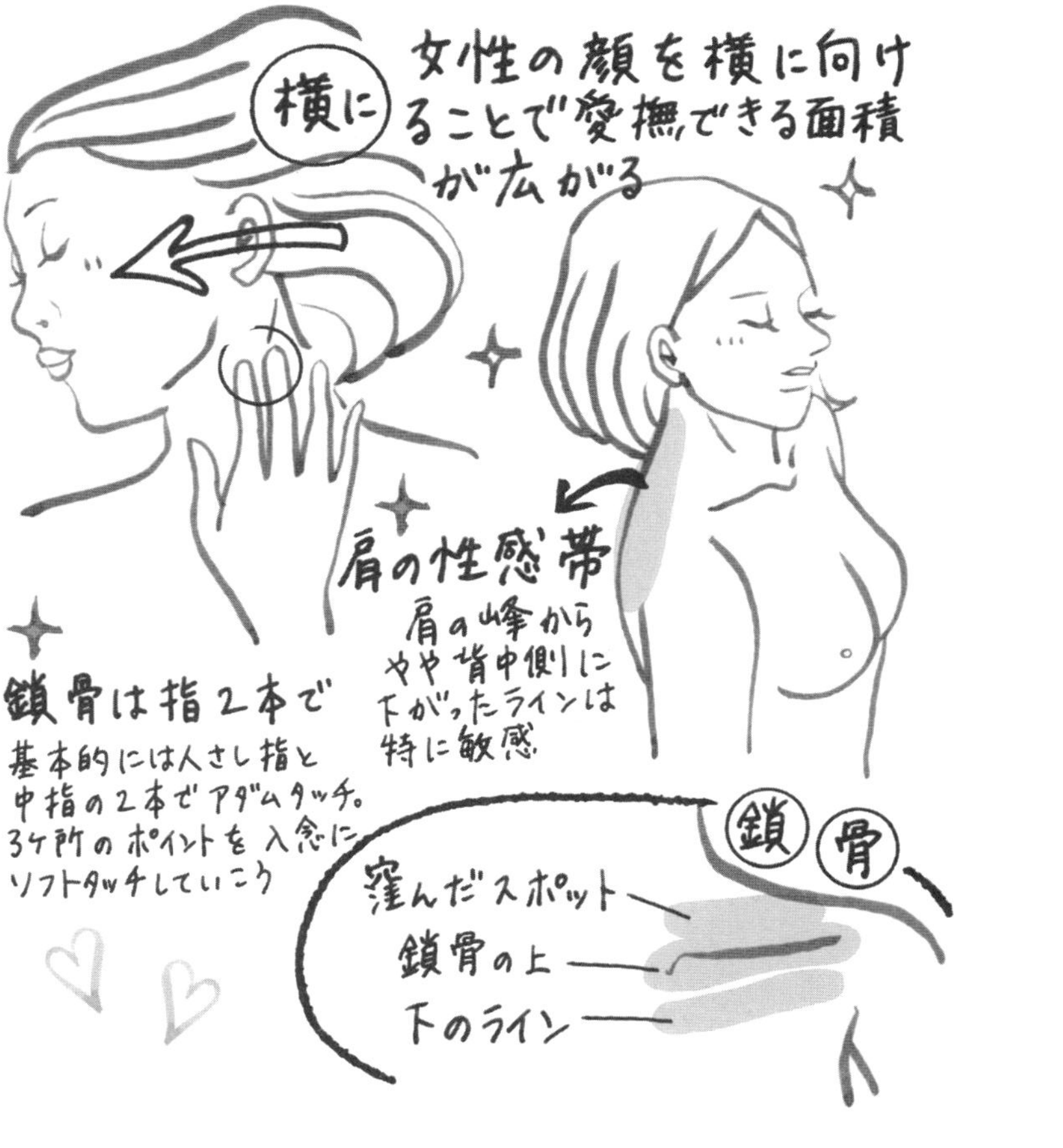
横に
女性の顔を横に向けることで愛撫できる面積が広がる
肩の性感帯
肩の峰からやや背中側に下がったラインは特に敏感
鎖骨は指2本で
基本的には人さし指と中指の2本でアダムタッチ。3ケ所のポイントを入念にソフトタッチしていこう
鎖骨
窪んだスポット
鎖骨の上
下のライン

横に
ほんの少しの工夫で、首周辺の愛撫できる面積が広がり、アダムタッチもやりやすく、隅々まで入念に愛撫できるようになります。

肩の性感帯
肩の峰から背中側に少し下がったラインはとても優秀な性感帯。人差し指、中指、薬指の3本をメインに、細長い楕円形を描きましょう。

鎖骨は指2本で
鎖骨は部位が狭小なので、人差し指と中指の2本で愛撫します。女性が官能し始めたら、指を2本から、中指1本だけに切り替えてみましょう。指を減らすことで、性感帯に対する集中力がアップして、より高感度になります。

腰と背中への愛撫

男性がオッパイとクリトリスだけに夢中になるセックスでは見つけられない〝宝の島〟。
女体の裏側こそ性エネルギーの製造所なのです。
アダムタッチがその真価を遺憾なく発揮します！

セックスの導入部で、一般男性の多くは本能の赴《おもむ》くままに女性の胸に手を伸ばしがちです。超ジャンクセックスな男性の中には、すぐにクリトリスという不届き者までいるようです。しかし、男女を結びつける導火線である性欲という〝本能〟こそ、セックスを楽しむ上での大きな〝落とし穴〟だということをご存知でしょうか？

瞬時に発火する男性の性欲に対して、女性のカラダは沸点に達するまでにある程度の時間がかかります。この〝火〟と〝水〟に譬《たと》えられる、異なる2つの歯車をいかに噛み合わせるかが、セックスの醍醐味であると同時に、難しさです。イッたことがない女性が多い現実は、男性の本能だけが猛烈かつ空虚に空回りしていることの裏返しです。女性の感度をアップさせるための重要なメソッドは、沸騰するには時間がかかる女性のゆったりとした時間感覚に、男性が合わせるということです。気持ちいいセックスをするためには、本能の制御が必要となるのです。

では、胸やクリトリスからではないとしたら、どこから愛撫すればいいか？　答えは腰です。

これには性科学的な根拠があります。腰には、尾てい骨と腰椎の間に〝仙骨《せんこつ》〟と呼ばれる骨があります。初めて耳にされる方も多いと思いますが、仙骨は、いわば〝性エネルギー（性的な気）の発電所〟とでも言うべき重要な性感帯で、丹念に愛撫することで、大量の性エネルギーが造成蓄積されて、女性の興奮度と性感の感受性レベルをアップさせることができるのです。

腰の愛撫に有効なのはアダムタッチです。女性を横抱きにして腰に手を回し、仙骨を意識しながら腰全体に大きな楕円形を描くように愛撫してください。普段あまり触られ慣れていない部分なので、女性によっては、最初はくすぐったがるかもしれません。そんなときは、手のひら全体を肌にやや強めに押し付ける〝パームタッチ〟が有効です。数回パームタッチを行った後で、再度アダムタッチというように、反応を見ながら2つの愛撫法を併用して、焦らずゆっくりと、女性を感じやすいカラダに導いてあげましょう。

腰の次は、背中を愛撫しましょう。仙骨の愛撫で造成された性エネルギーを、腰から女性の脳に上げていくイメージで、下から上に向かって背中全体に大きならせんを描くように愛撫します。

このように男性が、これまでなおざりにしてきた背面の広大な性感エリアを、女性の時間感覚に合わせて、隅々まで丁寧に愛撫していくことで、女性のカラダの性エネルギーが増幅されて、まだ触れていない乳首やクリトリスの〝愛撫対効果〟をもグンと高めることになるのです。

女性の性メカニズムを正しく理解して、ひたすらオッパイとクリトリスだけに夢中になる初級セックスから一刻も早く卒業してください。

図解 腰と背中への愛撫

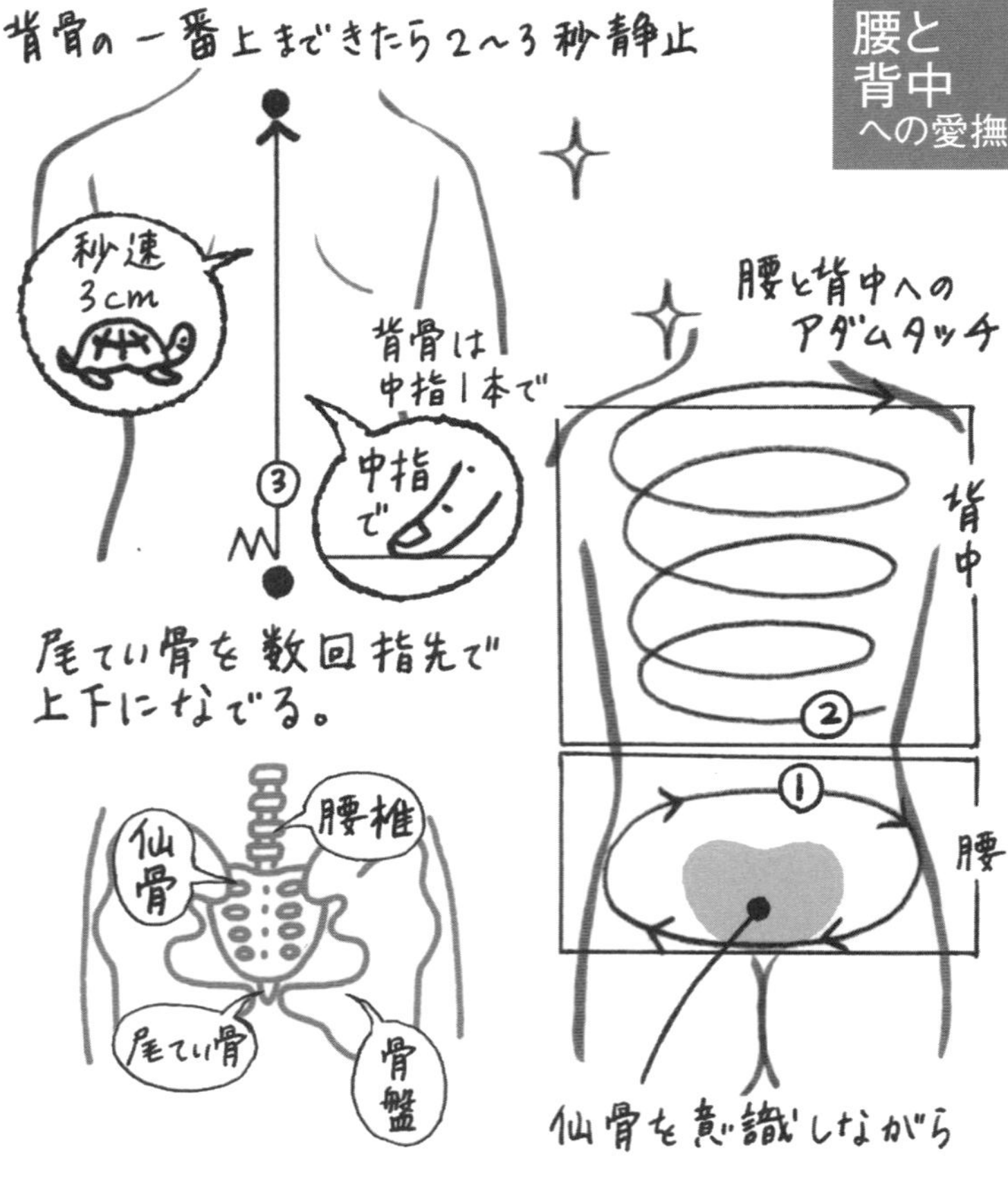
背骨の一番上まできたら2〜3秒静止
秒速3cm
背骨は中指1本で
中指で
③
尾てい骨を数回指先で上下になでる。
仙骨
腰椎
尾てい骨
骨盤
腰と背中へのアダムタッチ
背中
②
①
腰
仙骨を意識しながら

仙骨を意識しながら
腰椎《ようつい》と尾てい骨の中間にある仙骨は、愛のエネルギー製造工場にピッタリなハート型の骨です。体内の仙骨を見ることはできませんが、地下工場の仙骨の存在を意識して愛撫することが、とても大切です。

背骨は中指1本で
背骨も重要な性感帯。使用する指は中指。尾てい骨を数回上下に撫でた後、秒速3㎝のゆったりとした速度で、背骨の最上階まで指を進めます。そこで指を3秒ほど静止させて性エネルギーをキープさせ、いったん指を肌から離して、また尾てい骨に指を戻します。この愛撫を数回繰り返してください。

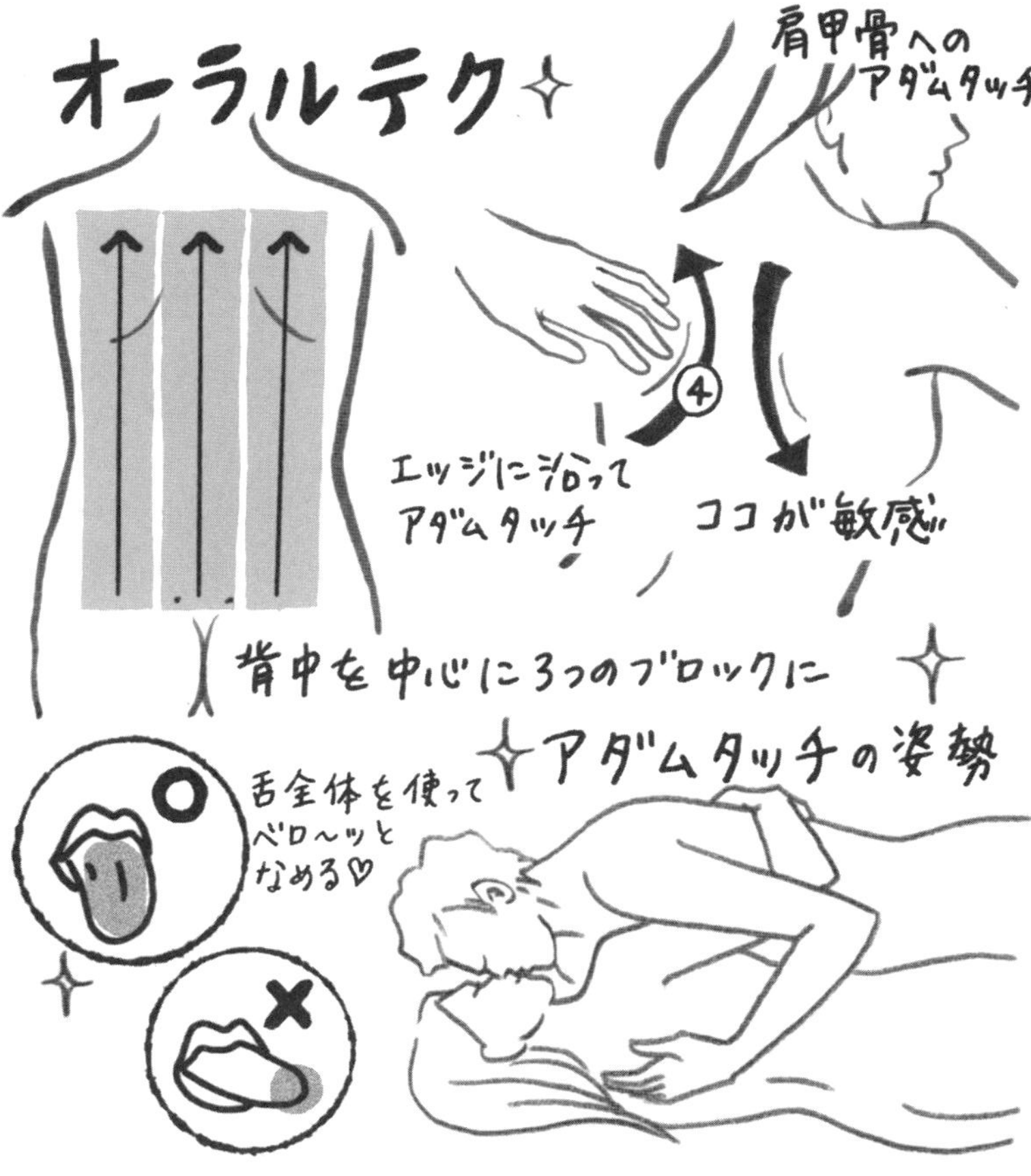
オーラルテク
背中を中心に3つのブロックに
舌全体を使ってベロ～ッとなめる♡
肩甲骨へのアダムタッチ
エッジに沿ってアダムタッチ
ココが敏感
アダムタッチの姿勢

肩甲骨へのアダムタッチ
あまり知られていませんが、肩甲骨も優れた性感帯です。エッジに4本の指先を添わせるようにして、ゆっくりと右回りにアダムタッチしてください。

アダムタッチの姿勢
背面への愛撫は、女性をうつぶせにして行うのもいいですが、〝横抱き〟にすると、キスや会話などを楽しみながらの複合愛撫が可能になります。

オーラルテク
舌先でチロチロすると、〝くすぐったい〟ケースが多いようです。ワイルドに舌全体を使って下から上に舐めあげましょう。とてもエロティックで興奮します。

お尻への愛撫

お尻は、女性の一番大切な部分に通じる〝裏側ルート〟。見て楽しむだけではもったいない性感帯の要所です。お尻を制する男は女体を制する!

女性の皆さんは、駅の階段などで、お尻に向けられる男性の視線をビシビシ感じていらっしゃることでしょう。基本的に男性が興味を示すところは性感帯が集中している部分なんです。その点では、男性の本能もまんざら捨てたもんじゃないのかもしれませんね。ちなみに、脳科学的な解析によれば、オッパイ好きよりも、お尻好きの男性のほうが、男性としての成熟度が上だそうです。ただ、お尻好きな男性といえども、肝心の愛撫テクニックとなると、間違いだらけの自己流が横行しているのが現状と言うほかありません。

女性に性感帯のアンケートをとったときに、「お尻」という回答が少ないのが何よりの証拠。女性のお尻を性的対象とは見ても、性感帯として認識している男性が意外なほど少ないのが問題なんです。

その傾向は、前戯のときの女性の体勢に如実にあらわれます。若いカップルほど、愛撫に費やすほとんどの時間、女性は仰向けなのです。これでは待てど暮らせどお尻は蚊帳《かや》の外。全身への愛撫が、女性の性感脳を開花させるための必須事項です。男性側に、女性をうつぶせにしてカラダの背面まで愛撫するという知恵がないことも問題ですが、オッパイやクリトリスにしか関心を示さない男性には、女性の方からうつぶせになって、「こっち側も愛して」と、背面への愛撫を促すのも一計でしょう。それに、女性をリラックスさせるという意味でも、前戯をうつぶせから始めることは、とても意味のあることです。

さて、まずはお尻へのアダムタッチから。隅々まで愛撫を施すために、お尻の側面、臀部《でんぶ》、お尻の谷間の3つのパーツに分けて、それぞれを丹念に愛撫してください。側面は、骨盤のエッジから大腿骨がジョイントしている部分。ゆったりと楕円を描くようにアダムタッチで愛撫します。臀部とは、お尻のおわん状の部分です。手をお尻の形に合わせてやや丸みをつけて、円を描くように愛撫してください。ポイントは円を内側から外側に向けた軌道にすること。最後のお尻の谷間は、もっとも感度が高く、アナルや女性器に近いために、期待感が高まる重要なゾーンです。人差し指、中指、薬指の3本の指先をそっと侵入させて、手を上下させるように動かして、谷間の側面をソフトに愛撫します。アナルに触れないようにギリギリの軌道を通るのがコツで、じらしによって女性の期待感を臨界点まで煽《あお》ることができます。と同時に、アナルぎりぎりを指が通過する時の反応を観察することで、女性のアナルへの好奇心度を測定してください。未知の扉を開けるためには欠かせないチェックポイントですからね。

男性の皆さん、お尻は見て楽しむだけではなく、ちゃんと触ってあげてくださいね。

図解
お尻への愛撫

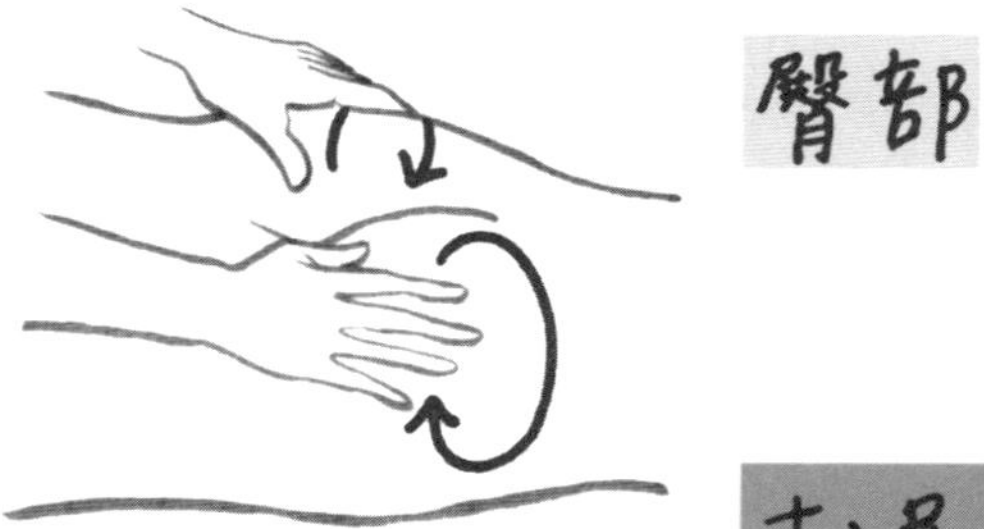
臀部

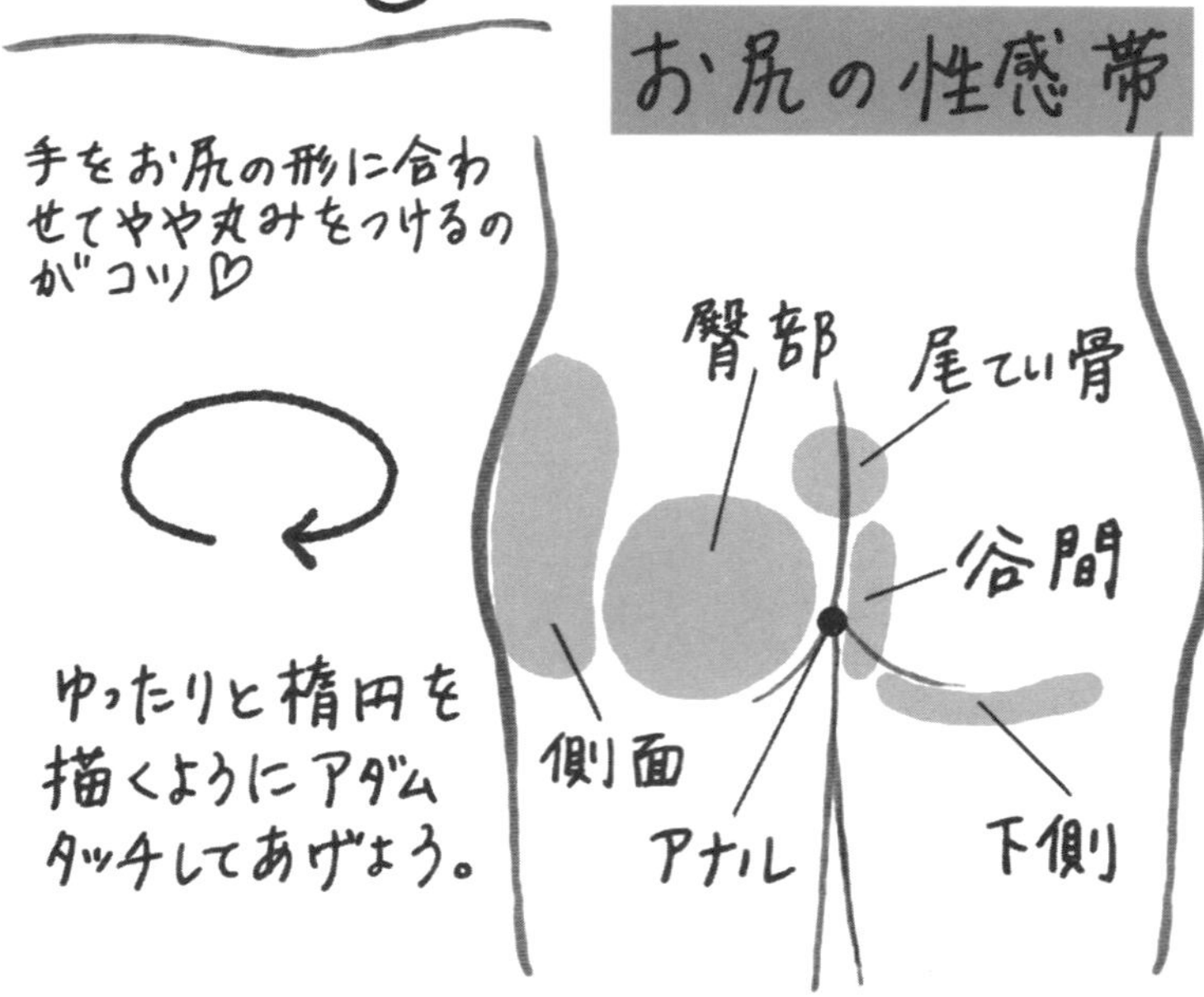
お尻の性感帯
手をお尻の形に合わせてやや丸みをつけるのがコツ♡
ゆったりと楕円を描くようにアダムタッチしてあげよう。
臀部
尾てい骨
谷間
側面
アナル
下側

お尻の性感帯

お尻は、いわば女性器へ向かう〝裏口ルート〟。女性心理として、表側よりも裏側からのほうが、羞恥《しゅうち》心やタブー感がプラスに作用して、いっそう興奮度が高まります。さらに女性器の手前には〝アナル〟という要所も。お尻を制するものは女体を制する、と言っても過言ではありません。

バイブレーション

お尻には〝バイブレーション愛撫法〟がとても有効。尾てい骨に、手のひらの下側を圧し当てて、下側の中心部を支点にして指先をワイパーのように左右に小刻みに振るように動かして振動を発生させます。お尻の側面は、中指と薬指を肌に対して垂直に当て、トントンとリズミカルに叩くよう

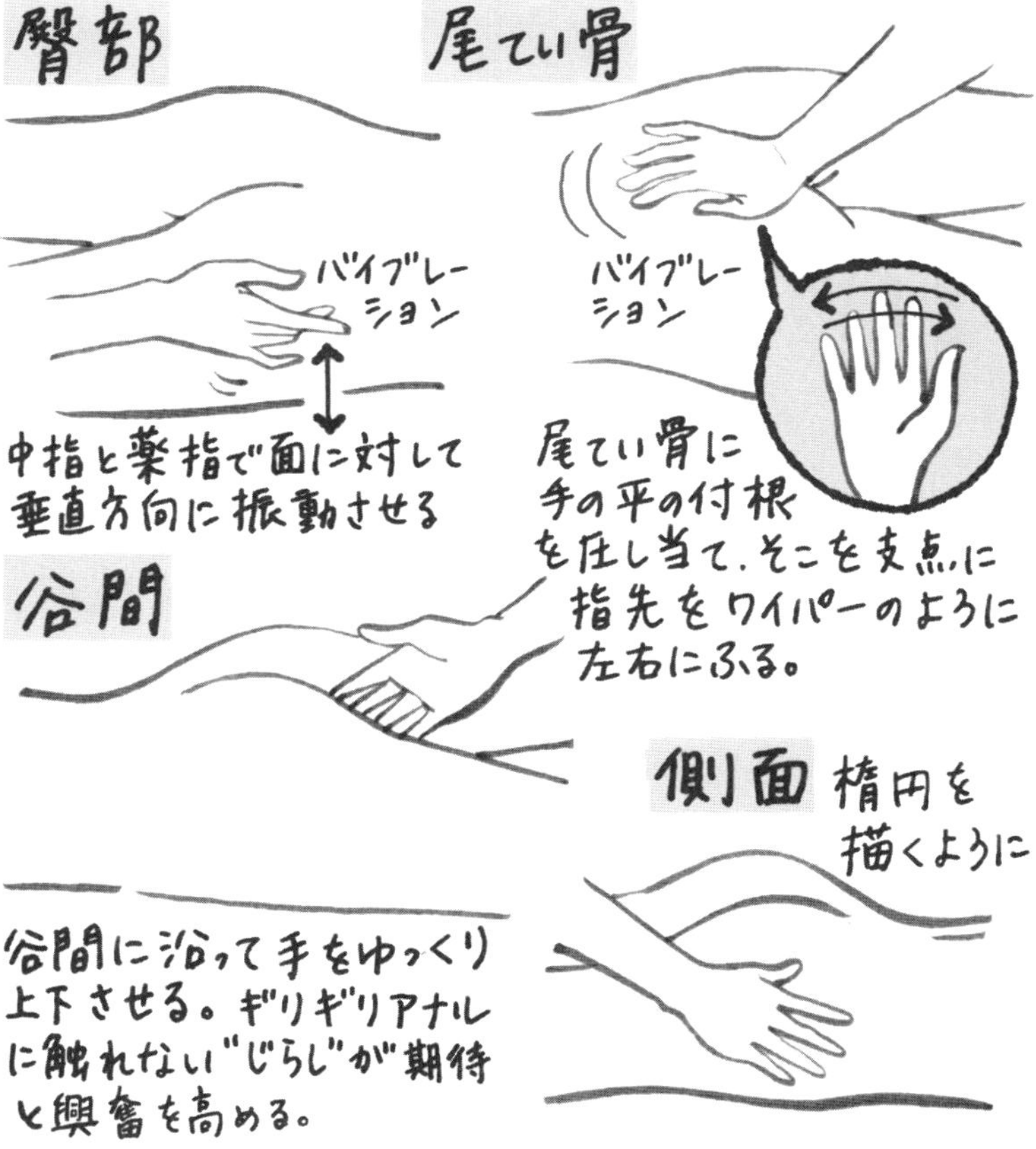
臀部
バイブレーション
中指と薬指で面に対して垂直方向に振動させる
尾てい骨
バイブレーション
尾てい骨に手の平の付根を圧し当て、そこを支点に指先をワイパーのように左右にふる。
谷間
谷間に沿って手をゆっくり上下させる。ギリギリアナルに触れない"じらし"が期待と興奮を高める。
側面
楕円を描くように

な動きで振動を発生させます。同じお尻でも愛撫法が変われば、異なる快感を与えることができるのです。

○谷間

うつぶせの女性に、少し脚を開いてもらうと、容易に深部まで愛撫できるようになります。脚を開いた恥ずかしいポーズも興奮を高めてくれます。

足からくるぶしへの愛撫

〝くすぐったい〟は、〝気持ちいい〟に転じる前兆！
足を愛撫する男性は〝10％未満〟という非常識な現実には
足への愛撫は常識、という意識改革が必要です。

本当はとても感じやすい部分なのに、ほとんどの男性が見落としている性感帯が〝足〟です。アダムタッチは全身の性感帯に有効ですが、特に効果的な部位の3大要素があります。それが、①骨に近い部分（ひじや鎖骨など）、②カラダの裏側（背中や膝の裏など）、③カーブのきつい部分（肩から腕にかけてのラインなど）の3つです。

察しのいい方ならもうおわかりですよね。そう、本項のテーマである〝足〟は、アダムタッチが効果的な3大要素をすべて含んでいるのです。しかし、足を愛撫する男性は、10％にも満たないのが現実。意識改革が必要です。意識改革と言えば、女性の方にも、足、特に足の裏は〝くすぐったい部分〟だと、固定観念的に思い込んでいることを指摘する必要があります。確かに男性のテクニックが未熟な場合など、くすぐったく感じることもあるでしょう。しかし、くすぐったいということは、それだけ皮膚感覚が優秀な証拠なのです。どうか、「足はダメ」と決めつけないで、自分の可能性を信じてあげてください。〝女性は全身が性感帯〟、これが事実なのですから。

足の愛撫は〝つま先〟から行います。なぜつま先か？　足、ふくらはぎ、太ももなど下半身の愛撫における大局的なテーマは、下半身の局地で発生した性エネルギーを子宮に集中させることです。ですから、下（つま先）から上（子宮方向）に向かって愛撫していくのが大原則となるのです。下半身愛撫のスタートラインはつま先、と覚えてください。

注目は、〝足の指の付け根〟。実はここ、スクールの女性受講生たちも、「まさかそんなところがこんなに気持ちいいなんて！」と、声を揃える秘密の性感帯です。

〝かかと〟や〝土踏まず〟、〝足の側面〟といった、皮膚が硬い部分は、鈍感なイメージがあるようですが、それは大間違いです。人差し指と中指をメインに楕円形を描くようにソフトな刺激を与えましょう。ある女性の声を借りれば、「ゾクゾクするような快感が子宮にまで届きそうな感覚」を、呼び覚ますことが可能です。

〝足の甲〟は、楕円運動が基本です。この時、足の甲を〝小さな長方形〟に見立てることで、隅々まで入念に愛撫することができます。また、〝くるぶし〟は、直径４㎝ほどの小さな出っ張りですが、男性が思っている以上に感じる部分。小さな円を描くように愛撫してください。

入念に足を愛撫した後に、ぜひチャレンジしてほしいのが、〝足指の股〟です。愛撫法は、指と指の間に、人差し指をグリグリとねじ込むだけ。女性は性感脳が開花してくると、ペニスで股間をこじ開けられているような猥褻《わいせつ》なイマジネーションが喚起されてとても興奮するのです。

女体フロンティアの開拓者として、彼女のカラダにあなたの名前を刻んでください。

図解 足からくるぶしへの愛撫

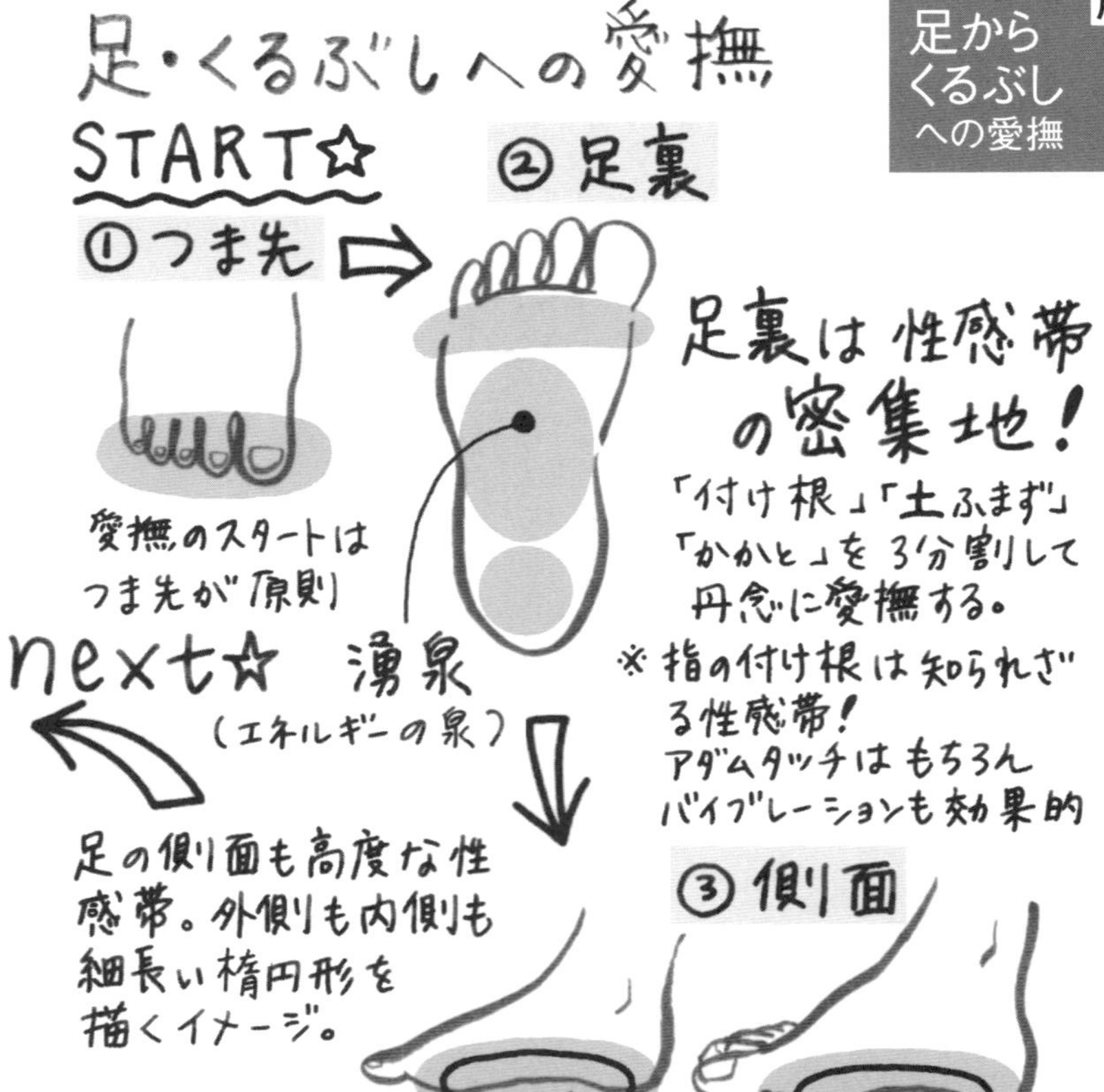
足・くるぶしへの愛撫
START☆
①つま先
②足裏
足裏は性感帯の密集地！
「付け根」「土ふまず」「かかと」を3分割して丹念に愛撫する。
愛撫のスタートはつま先が原則
next☆
湧泉
（エネルギーの泉）
※指の付け根は知られざる性感帯！
アダムタッチはもちろんバイブレーションも効果的
足の側面も高度な性感帯。外側も内側も細長い楕円形を描くイメージ。
③側面

つま先

人差し指、中指、薬指の3本が羽毛になったようなイメージで、足指の先端を左右にスライドさせるように愛撫します。女性は、軽く触れられただけで電流が走るような快感を覚えます。

足裏

〝指の付け根〟のやや盛り上がった部分は、アダムタッチで。コツは、女性が気持ち良さそうな反応を示したら、指の数を3本から2本、2本から1本へと減らしていくこと。狭い部分への愛撫は、指の数が少ないほど、女性が責められているポイントに神経を集中させることができるため、効果が倍々ゲーム式に増幅します。指先でのバイブレーションも効果的です。

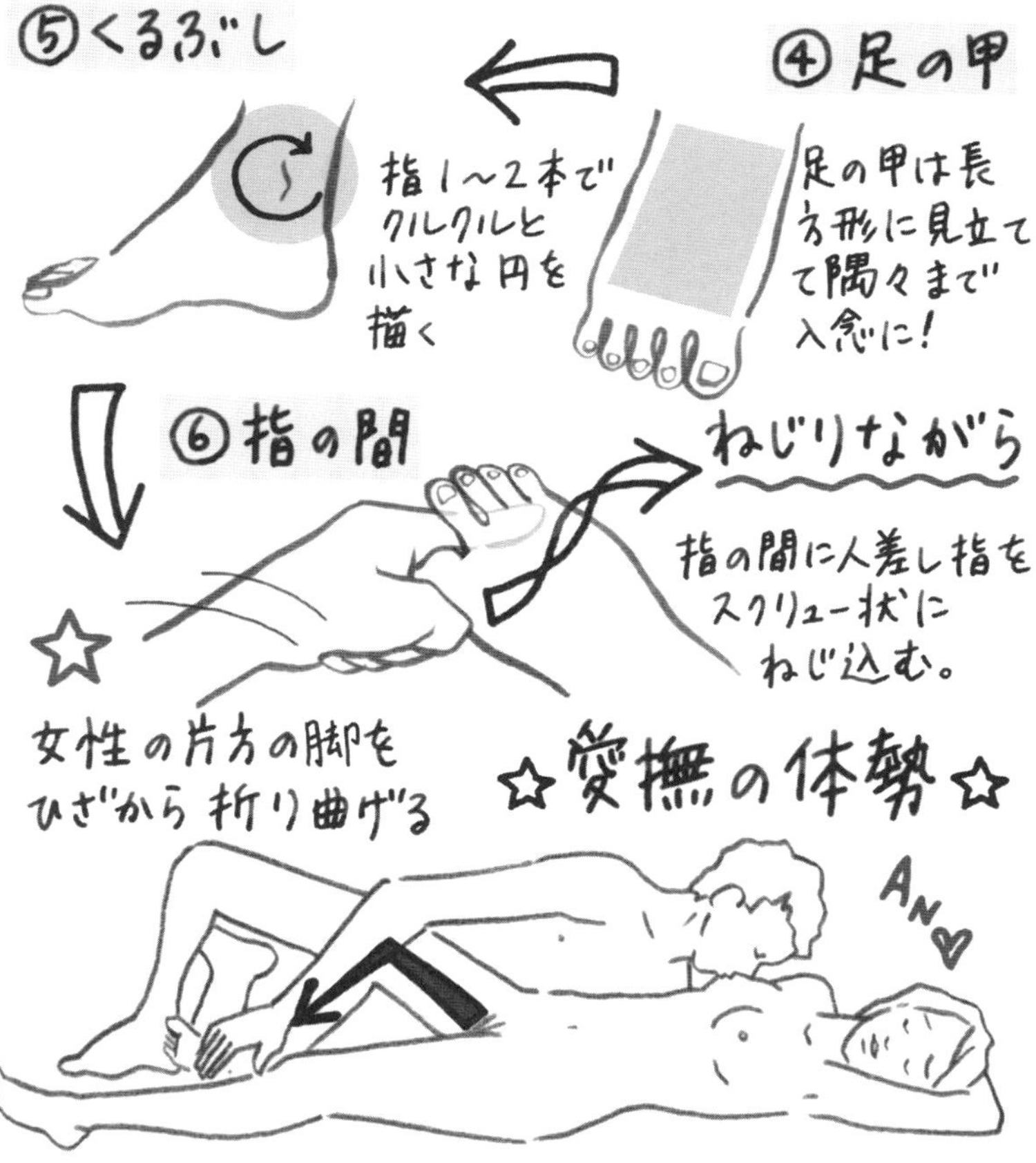
⑤くるぶし
④足の甲
指1～2本で
クルクルと
小さな円を
描く
足の甲は長
方形に見立て
て隅々まで
入念に！
⑥指の間
ねじりながら
指の間に人差し指を
スクリュー状に
ねじ込む。
女性の片方の脚を
ひざから折り曲げる
☆愛撫の体勢☆
AN♡

足の甲
丹念にアダムタッチすることで、男性の想像を超えた快感レスポンスが返ってきます。

指の間
官能モードに入った女性には、ペニスを挿入されているような猥褻なイメージが膨らみます。

愛撫の姿勢
女性の膝を立ててもらうことで、つま先まで簡単に手が届くようになり、複合愛撫を可能にします。

乳房と乳輪への愛撫

〝揉む〟だけでは、オッパイは気持ち良くなれません!
男性の本能が暴走する自己陶酔型愛撫から早く卒業して
オッパイが秘めた知られざる性感を目の当たりにしてください。

男性なら誰もが大好きなオッパイ。しかし、一般男性のセックスを観察してみると、どうやら、〝好きこそものの上手なれ〟という諺《ことわざ》は、オッパイ愛撫には当てはまらないようです。揉んで揉んでまた揉んで……。とかく一般男性の愛撫は、〝揉む〟という行為に比重が偏《かたよ》りすぎています。これでは、〝本能に毛が生えた程度〟のテクニックと言うほかありません。もちろん、形が崩れるほどオッパイを強く揉まれるのが好きという女性も中にはいるでしょう。が、揉むのが好きな男性と、揉まれるのが好きな女性のカップリングの妙であっても、揉むのが好きな男性が、〝自分が楽しむことしか考えていない男性〟であるというジャンクな本質にはなんら変わりがないのです。

「鷲《わし》づかみされても本当は痛いだけ」

「揉んでる時の必死の形相や、谷間に顔を埋めて悦に入ってる時の自己満顔は、正直ヒク」

男性の皆さん、心優しき女性たちのサイレントマジョリティの声を真摯《しんし》に受け止めましょう。

乳房愛撫の基本原則は超ソフトタッチです。乳房の膨らみを形成している脂肪には神経がないため、〝揉む〟という刺激だけではほとんど快感には転化されません。しかし、神経が走っている乳房の表面は、アダムタッチを使えば、たちどころに高感度な性感帯に変身するのです。指先が肌に触れるか触れないかの微妙なタッチ圧で、渦巻き状の軌道を描きながら、徐々に円の中心に接近していきます。ポイントはすぐに乳首に触れないことです。

乳輪まで指が差しかかったら、人差し指と中指の2本で、〝乳輪だけ〟を丹念に愛撫します。この時も乳首に触れてはいけません。乳輪をクルクルと数回愛撫したら、また乳房の外周に戻るという愛撫を3回以上は続けましょう。女性から「お願い、もう触って」と懇願されても触ってはいけません。一般男性が犯しやすい過ちは、じらしが中途半端になることです。一度始めたら徹底的にじらすことが、オッパイで言えば、徹頭徹尾ギリギリまで乳首に触れないことが、女性のカラダを敏感体質に変えるメソッドである〝脳の愛撫〟という本丸攻めの極意なのです。

また乳房には、隠れた名店的性感帯が存在します。それが、脇の下と乳首を結ぶ幅5㎝のライン状のゾーンの下に眠る〝胸筋〟です。有効なのはバイブレーション愛撫法で、中指と薬指で、部位に対して垂直に指先でリズミカルな振動を与えてください。ポイントは脂肪を振動させるのではなく、手の重みを利用して指先を1㎝程度押し込むようにして、脂肪の下にある筋肉に振動を発生させること。女性の皆さんは、未体験の瑞々しい快感に感動を覚えられるはずです。

正しい知識を身につけてはじめて、冒頭の諺は生きた言霊となり得るのです。

図解 乳房と乳輪への愛撫

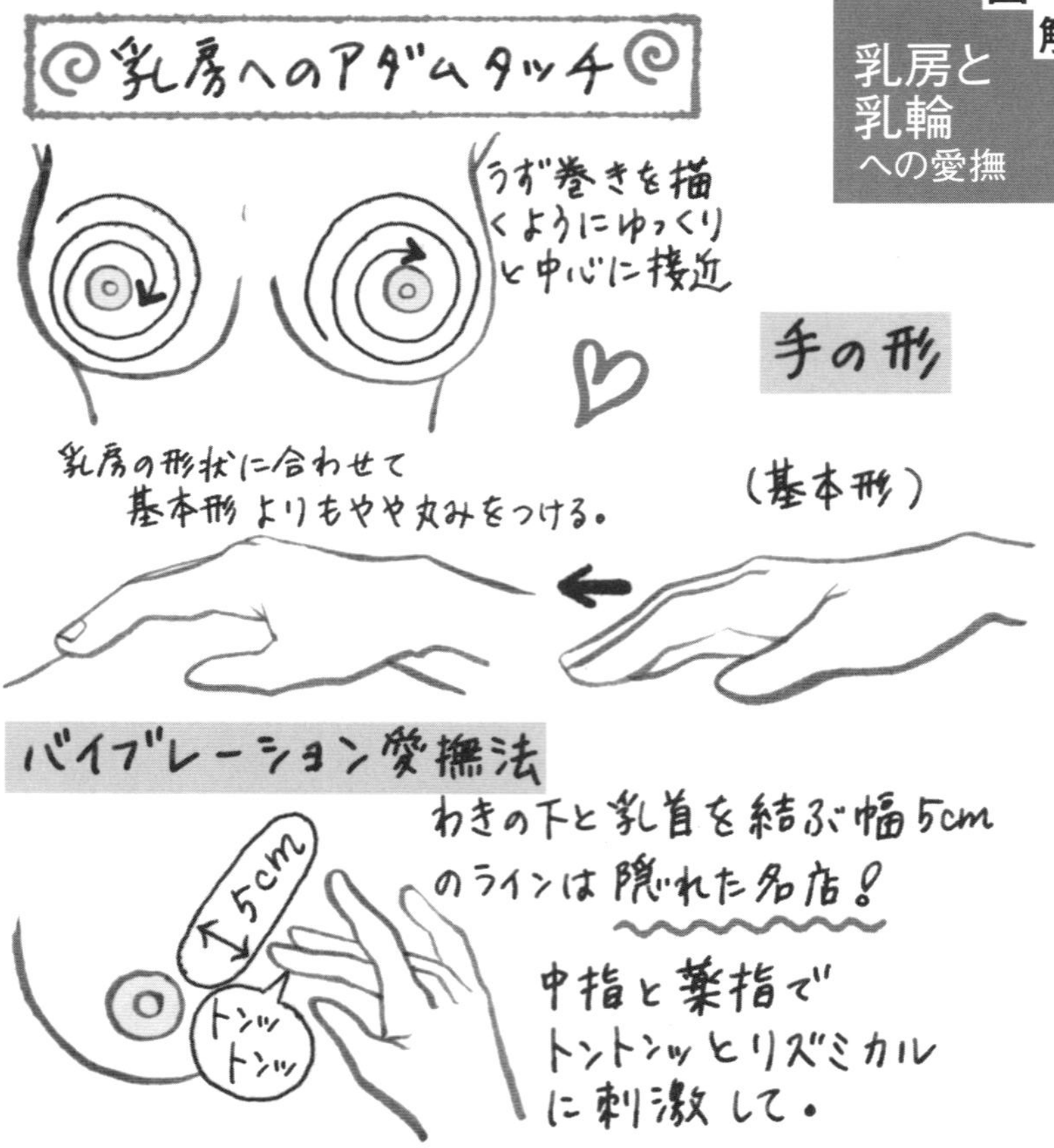

乳房へのアダムタッチ
うず巻きを描くようにゆっくりと中心に接近
手の形
乳房の形状に合わせて基本形よりもやや丸みをつける。
(基本形)
バイブレーション愛撫法
わきの下と乳首を結ぶ幅5cmのラインは隠れた名店!
5cm
トンッ トンッ
中指と薬指でトントンッとリズミカルに刺激して。

乳房へのアダムタッチ

乳房の丸みに合わせて、アダムタッチの手の基本形よりも、やや丸みを帯びた手の形に調節。渦巻状の軌道を描きながら、ゆっくりと乳輪ギリギリまで愛撫しましょう。

バイブレーション愛撫法

5㎝幅の胸筋は、男性が自分で触ってみても、圧迫するだけでもマッサージ的な心地よさを実感できるはず。この心地よさが、事前に乳房へのアダムタッチで性感脳を開くことで、性的な「気持ちいい」に昇華させるのです。

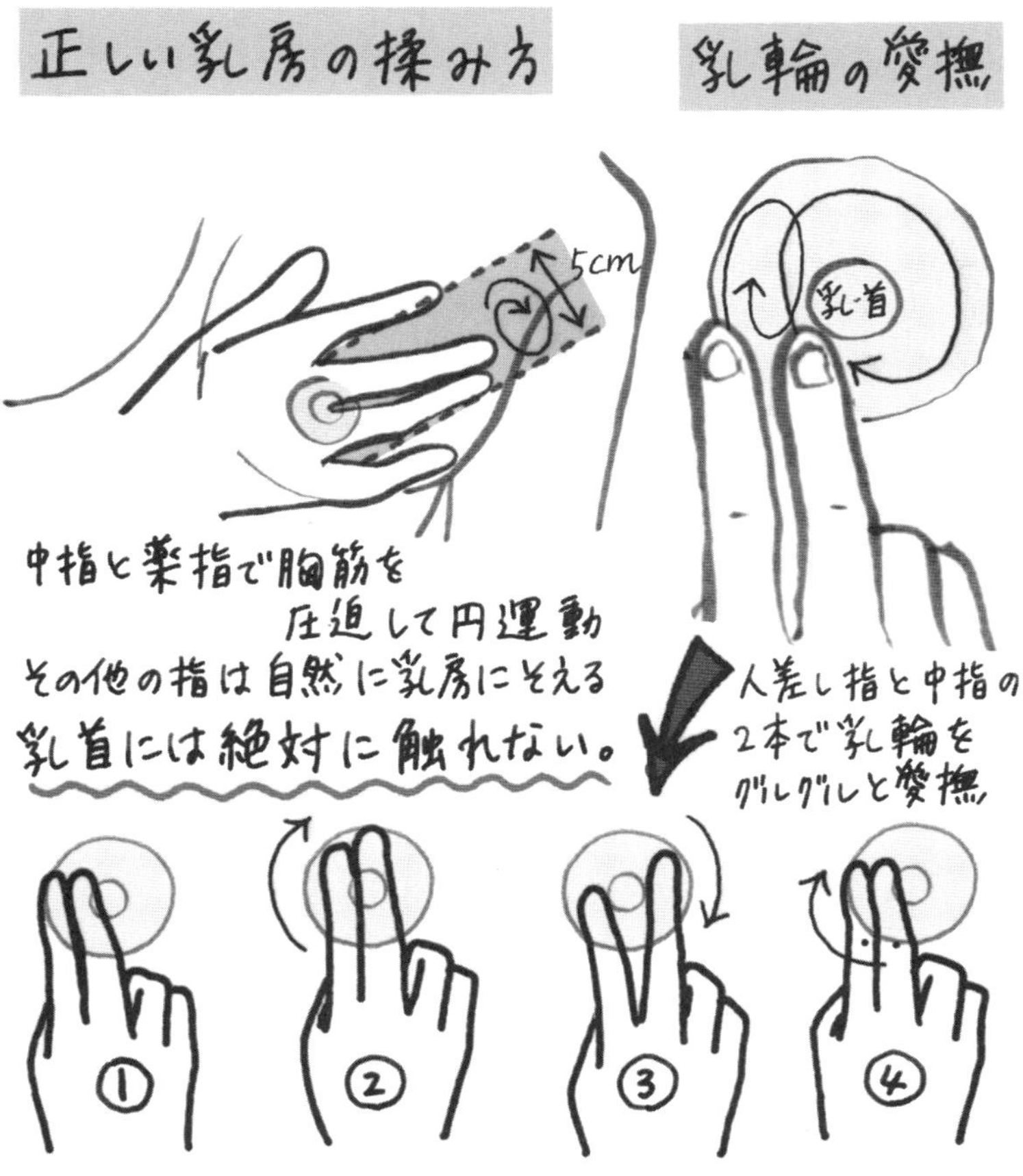
正しい乳房の揉み方
乳輪の愛撫
5cm
乳首
中指と薬指で胸筋を
圧迫して円運動
その他の指は自然に乳房にそえる
乳首には絶対に触れない。
人差し指と中指の
2本で乳輪を
グルグルと愛撫
①
②
③
④

乳輪の愛撫

絶対に乳首に触れないように愛撫するのがポイント。じらせばじらすほど、乳首の感度はアップします。

正しい乳房の揉み方

中指と人差し指の2本の指腹で、5㎝幅のゾーンの胸筋を軽く圧迫しながら、グルグルと小さな円を描くように愛撫します。この時、他の3本の指はオッパイに自然に添えるだけで、手のひら全体で乳房を優しく包み込むようにします。揉むだけではほとんど快感を受信しなかったオッパイも、生まれ変わったように生き生きと快感を受信するようになります。

乳首への愛撫

赤ちゃんのように、乳首にチュパチュパ吸い付くだけの愛撫はそろそろ終わりにしませんか？　最低20分は乳首に触らずに外堀を埋めていく大局的じらしこそが、乳首攻略の近道です。

乳房、乳輪の次は、いよいよ乳首です。

乳首は第二性感帯とも呼ばれるように、クリトリスに次いで快感偏差値の高い性感帯です。しかしこれが曲者。〝乳首は感じる〟という生半可な知識があるばかりに、世の男性はテクニックをおろそかにしてしまいがちです。そして、幼稚園児並みのテクニックでも、それなりに気持ち良さそうな反応が得られる現実が、男性を甘やかしているのです。

男性の皆さんも、女性の皆さんも、超高感度の性感帯の反応を、「アハ～ン」程度の低いレベルの快感で満足してはいけません。優秀な性感帯だからこそ、正しいテクニックを身につけて、その性感ポテンシャルを最大限まで発揮させることができたら、これまでの常識がひっくり返るような、驚愕《きょうがく》の反応と快感を手にすることができるのです。

一般男性の多くは、本能的欲求もあって、セックス開始早々に乳首を攻撃目標にしてしまいますが、これがすでに間違いの始まりです。乳首に触れるタイミングが早すぎるんですね。まずは腰や背中、そして首筋や肩といった具合に、乳首から遠いポイントから徐々に乳首に近づいていくように、アダムタッチでじっくりと急所の外堀を埋めていく作業こそ、乳首攻略の近道です。

ちなみに私の場合は、乳首へのファーストタッチには最低でも20分以上は時間をかけます。するとどうなると思いますか？　ほとんどの女性は、「先生、こんなに乳首が気持ちいいって知らなかった」と、自らの性感に感動します。乳首だけで、絶叫してしまう女性も少なくありません。

しかし現実で女性が遭遇する多くは、男性がまるで赤ちゃんのように、チュパチュパと吸い付いてひとりご満悦という、乳幼児レベルの自己チュー愛撫。性感脳の開花など見込めません。まずは、時間をかけることから始めましょう。これだけでも乳首のレスポンスに雲泥《うんでい》の差が出ます。

乳首でもっとも敏感なのは、先端部です。これだけ聞けば、「そんなこと言われなくても知ってるよ」とおっしゃるかもしれません。ならば、

乳首は、先端、側面、そして先端と側面の境のエッジ部分の3つのパーツで構成されています。そして、感度の序列は、側面→エッジ→先端の順となります。

と続けたらどうですか。言われなくても知っていましたか？　こうした基礎知識がなければ、実は、乳首の先端だけを集中して愛撫する、という乳首愛撫の基本すら的確に行うことはできないのです。愛撫の基本は、摩擦、振動、圧迫の3種類。それに、摘《つ》まむ、引っ張る、捻《ひね》るといった、適度な〝痛み〟の皮膚感覚をエッセンスとして適時織り交ぜていくことが、潜在能力を引き出すポイントです。次ページの愛撫法を参考に、乳首の快感の１００％を追求してください。

図解 乳首への愛撫

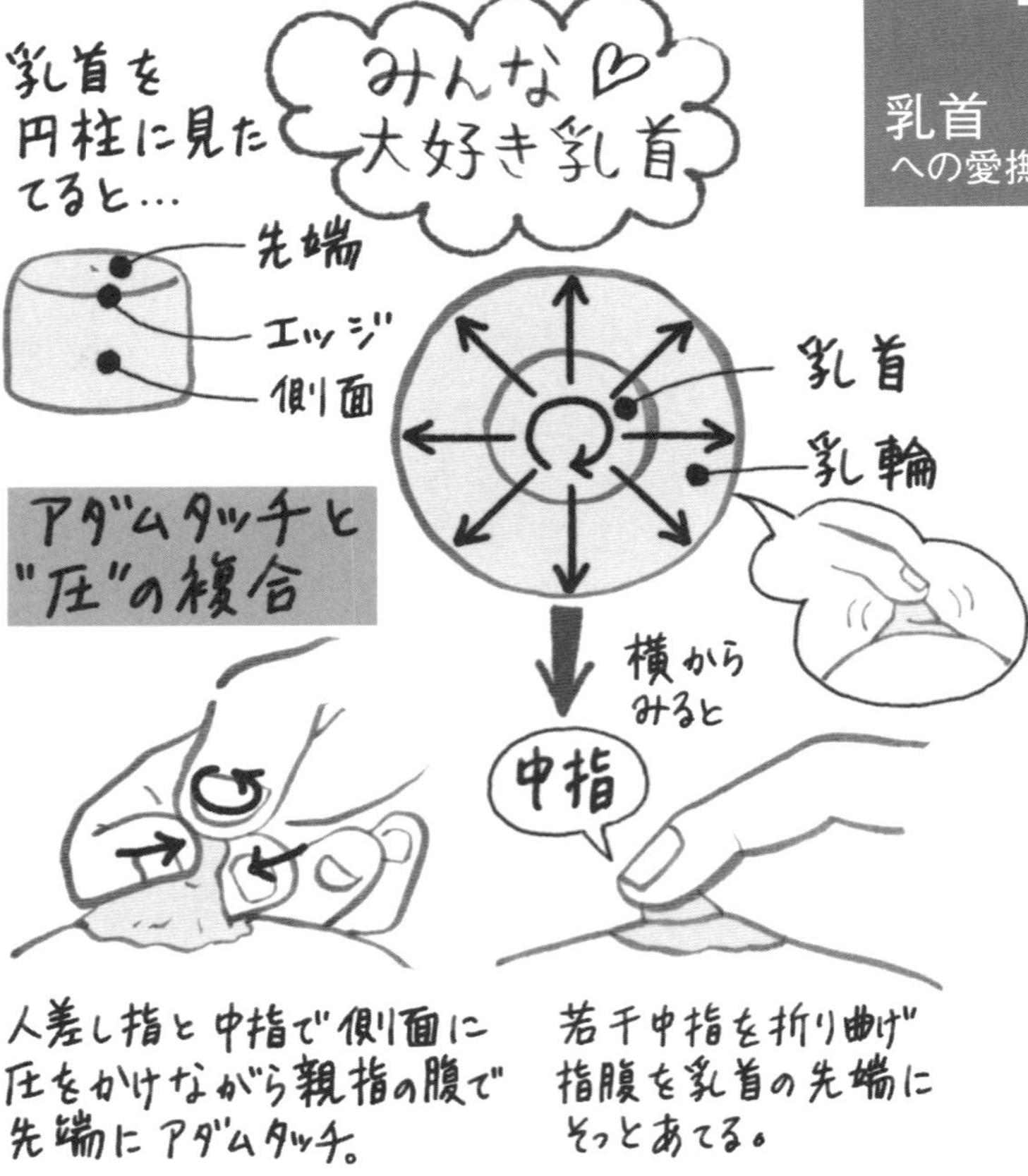
みんな♡大好き乳首
乳首を円柱に見たてると…
先端
エッジ
側面
乳首
乳輪
アダムタッチと"圧"の複合
横からみると
中指
人差し指と中指で側面に圧をかけながら親指の腹で先端にアダムタッチ。
若干中指を折り曲げ指腹を乳首の先端にそっとあてる。

先端への愛撫

もっとも敏感な先端は、中指の指腹を使ったアダムタッチが有効。ただ、指を左右に動かすのが気持ちいい女性もいれば、ナナメ45度からの指の侵入角度が一番感じるという女性もとまさに百人百感。この個人差をいち早く見抜けるかどうかも、乳首の特性の正しい理解と、基礎テクニックのマスターにかかっています。

アダムタッチと圧の複合

乳首側面への左右からの圧と、先端へ触れるか触れないかのアダムタッチを複合。〝圧迫〟と〝超ソフトタッチ〟の2種類の刺激が、相乗的に働き、乳首の潜在能力を引き出します。

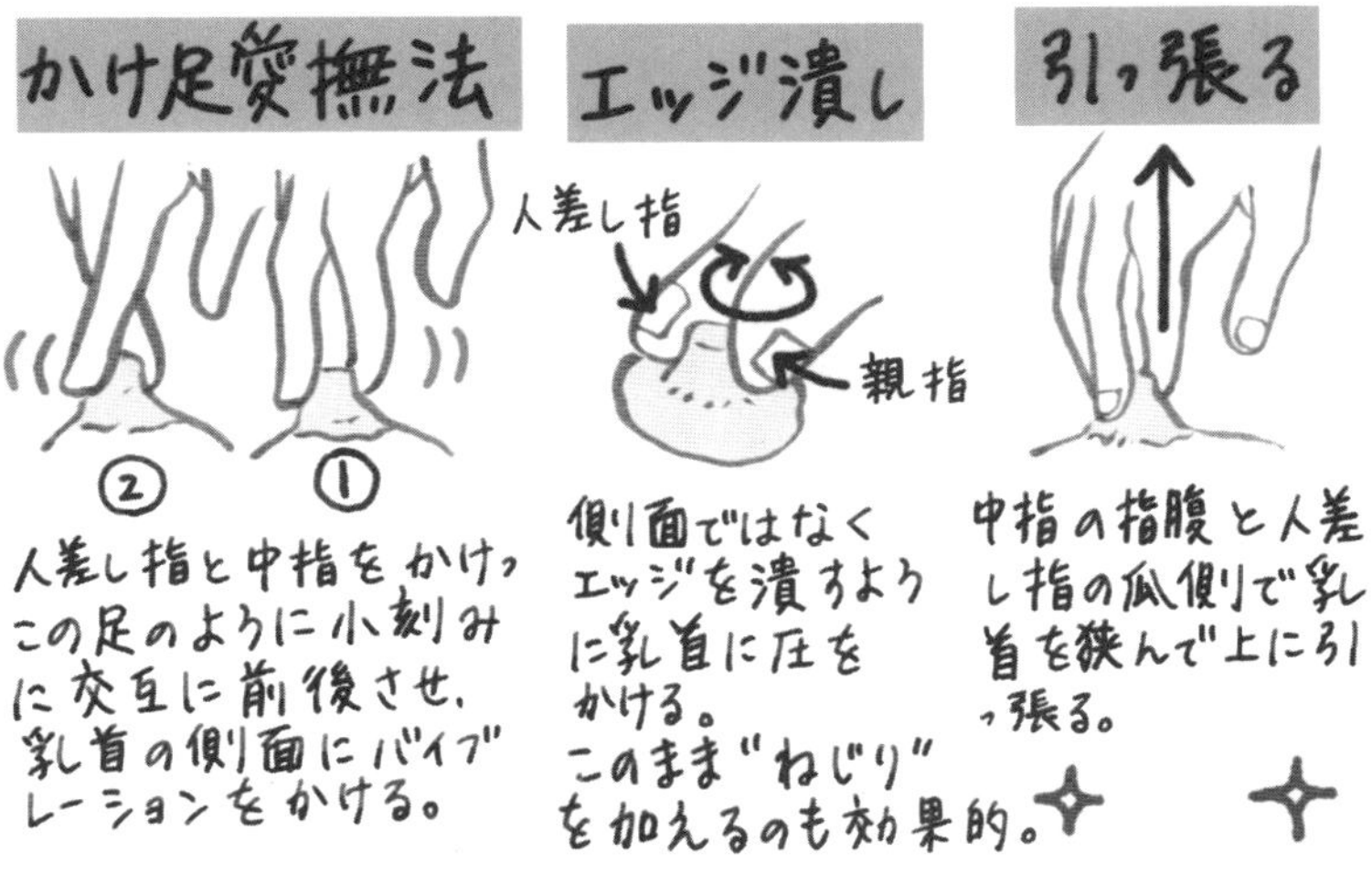
かけ足愛撫法
②
①
人差し指と中指をかけっこの足のように小刻みに交互に前後させ、乳首の側面にバイブレーションをかける。
エッジ潰し
人差し指
親指
側面ではなくエッジを潰すように乳首に圧をかける。
このまま"ねじり"を加えるのも効果的。
引っ張る
中指の指腹と人差し指の爪側で乳首を挟んで上に引っ張る。

チュパチュパ吸いつくだけはNG!
バイトテクニック
上の歯と舌でかむ。

エッジ潰し愛撫法
円柱形の乳首を、〝三角錐〟に変形させるように、エッジ部分を指で潰します。とても簡単なテクニックですが、これが思った以上に効くんです。Mっ気のある女性なら、なお効果的。

バイトテクニック
バイトとは咬《か》むという意味。強すぎると、痛いだけになってしまうので注意が必要ですが、オーラルのバリエーションのひとつとして欠かせないテクニックです。力加減に気をつけながら、上の歯と舌で挟むように甘噛みしましょう。

太ももへの愛撫

女性器目前の太ももへの愛撫に手抜きは許されません。
外側から内側に向けて、丹念に愛撫しましょう。
特に、脚の付け根部分のギリギリゾーンは丁寧な愛撫が不可欠。

〝太ももへの愛撫〟までくれば女性器は目の前です。それだけに、しっかりとした戦略に立った的確な愛撫が求められる性感帯の要所です。しかし、太ももは広い上に曲面であるため、つい漠然と愛撫しがちな箇所。隅々まで微細な刺激を浸透させることを心掛けてください。

特に内側（内もも）は重要で、脚の付け根の部分、つまり女性器ギリギリのゾーンにかけては、徹底して丹念に愛撫しましょう。こうすることで、その後のクリトリスの感度がまったく違ってくるのです。

官能し始めた女性に対して効果的なのが、〝スクラッチ愛撫法〟と命名したテクニックです。スクラッチとは引っ掻《か》くという意味で、その名のとおり、女性の肌を引っ掻くように愛撫するテクニックです。やり方はとても簡単です。5本の指先が肌に対して垂直になるようにして指先を立てて愛撫します。スクラッチ愛撫法には、①表皮へのスクラッチと、②筋肉へのスクラッチの2種類があります。①は蚊に刺された跡を掻く時の強さで、②は筋肉組織に指先が入り込んでいくようなイメージで、どちらも指先を立てた5本の指で、ゆっくりと引っ掻きます。

一般的には馴染みのない愛撫法ですよね。エッ、そんな愛撫が本当に効くの？ と疑心暗鬼な方もいらっしゃると思いますが、事前のアダムタッチによって性感脳が開花して、官能モードに入った女性のカラダは、〝適度な痛み〟を快感に転換するため、女性が今までに経験したことがないようなゾクゾク感を味わうことができるのです。M的性質が強い女性の場合は、なおさら効果的です。

この愛撫法が効果的な部位のポイントは太い筋肉のある場所。太もも以外にも、二の腕や背中などに有効です。うなじにキスしながら二の腕をスクラッチしたり、対面座位で交接している時に、腰から背中にかけてスクラッチしてみる、といった具合に複合愛撫のバリエーションとして使用するといっそうの効果が期待できます。

内もものギリギリゾーンの愛撫に話を戻しましょう。結局、じらしのテクニックが要求される部分なのですが、現実には、男性はじらしているつもりでも、女性にとっては単に「じれったい」だけの中途半端な愛撫に終わっているケースが非常に目立ちます。

正しく実践できていないのは、ポイントから数cm以上も離れたところを愛撫して、「今、オレはじらしてる！」と自己満足している男性が多いからです。じらしテクの極意は、〝あと3mmの寸止め〟です。本当に触れるか触れないかのギリギリまで攻め込まなければ、女性の性感は発火しません。クリトリスの前には、太ももをたっぷり愛してあげましょう。

図解
太もも
への愛撫

クリトリスの前にはやっぱり
太もも！
①表皮へのスクラッチ
痒い所を掻く時と
同じ強さで
スクラッチ
愛撫法
②筋肉
へのスクラッチ。
指先が入っ
ていくような
イメージで♡
愛撫のコツ
は「三分割」☆
外側
①
上面
②
内側
③

愛撫のコツは〝三分割〟
太ももが、外側、上面、内側の3つの長方形の平面で構成されていると捉えてください。こうイメージして、それぞれ面をひとつずつ丹念に愛撫していくことで、結果的に、太もも全体に隅々まで適切な刺激を浸透させることができるのです。愛撫は、女性の期待感を徐々に煽っていくために、外側から内側に向けて順番に行うのが基本となります。

スクラッチ愛撫法
女性の肌はデリケート。いくら引っ掻くテクニックとはいえ、爪をきちんと短く切っておくことは、大人の男性の身だしなみとして最低限の常識です。誤解なきように。

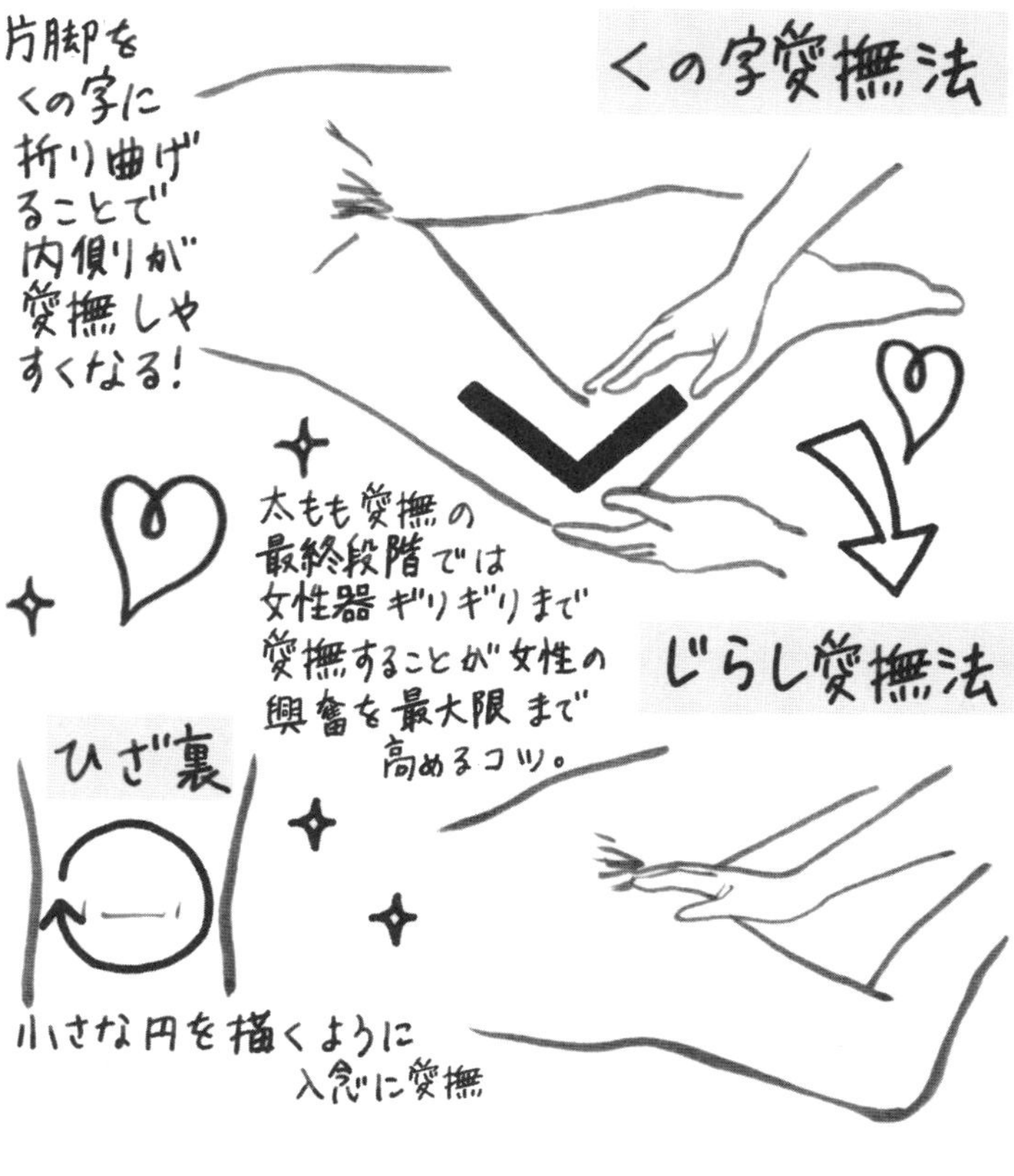
片脚を
くの字に
折り曲げ
ることで
内側が
愛撫しや
すくなる!
くの字愛撫法
太もも愛撫の
最終段階では
女性器ギリギリまで
愛撫することが女性の
興奮を最大限まで
高めるコツ。
じらし愛撫法
ひざ裏
小さな円を描くように
入念に愛撫

くの字愛撫法
女性の片脚を〝くの字〟に折り曲げることで指先が届く範囲が広がり、デリケートなゾーンでも安定した細やかな愛撫ができるようになります。

クリトリスへの愛撫

クリトリスが一番喜ぶのは、〝スピード感溢れる超ソフトタッチ〟。
性感優等生のクリトリスにブラフは通用しない。
まずは〝両手での愛撫〟で、理想の愛撫を指先に記憶させよう。

さぁ、いよいよ核心。絶頂のスイッチとも呼ばれるクリトリスの愛撫法です。正しい愛撫法を指南する前に、男性の皆さんに、ひとつ質問です。彼女や奥様の正確なクリトリスの位置を知っていますか？

意外に思われるかもしれませんが、既婚男性の中にも、その正確な位置を知らない人は少なくありません。理由として多いのが、「部屋の電気を消さないとエッチさせてもらえない」というケース。見られるのが恥ずかしいという女性の気持ちも、理解できなくはありませんが、これではいけません。クリトリス愛撫でもっとも重要なことは、一点集中攻撃です。真っ暗な部屋や布団をかぶった状態で〝なんとなくこの辺をモゾモゾ〟というい加減な愛撫では、どんなに一生懸命頑張っても、もっとも小さな性感帯の急所をピンポイントで捕らえることはできません。愛撫ポイントがズレるために「あ、もう少しだったのにイケない」とか、男性の愛撫が乱雑になって「痛いだけ」など、愛を深めるはずのセックスが、逆にストレスの原因にもなりかねないのです。

一点集中攻撃の徹底をはかるために重要なのは、クリトリスの皮をしっかり剥《む》くこと。

クリトリス愛撫が痛かったという苦い経験のある女性は、クリトリスの皮を剥くと、「もっと痛くなりそうで怖い」と思われるかもしれませんが、これは逆です。男性が、的確な攻撃目標が定まっていないから、つい力が強くなり、愛撫が乱雑になってしまっているのです。女性に痛い思いをさせないという、最低限のことを実践するために、クリトリスの皮を剥くことが必要だと理解して、ぜひ、女性も協力してあげてください。

さて、愛撫法ですが、セックス初級者の男性にまず身につけてほしいのが、〝両手での愛撫〟です。どうも男性は見栄を張る生き物で、テクニックに自信がないにもかかわらず、さもセックス上級者気取りで、〝片手での愛撫〟を気軽にしていますが、もっともデリケートでもっとも優秀な性感帯であるクリトリスには、ブラフは通用しません。クリトリスにもっともフィットした刺激は、〝スピード感溢れる超ソフトタッチ〟です。この理想の愛撫を簡単に実現できるのが両手での愛撫です。利き手の反対の手でクリトリスの皮をしっかりとむいて、利き手の手根を女性の太ももに固定すれば準備ＯＫ。直接クリトリスに触れる指先（作用点）に、太ももに固定した手根（支点）を置くことで、より安定した刺激を供給することが可能になるというわけです。もうひとつこの愛撫法の長所は、クリトリスと女性の顔（つまり反応）をしっかりと目視することができる、姿勢とポジショニングが確保できること。上級者向けの片手での愛撫は、両手での愛撫で、理想の超ソフトタッチを指先が覚えてからでも遅くはありません。

図解 クリトリスへの愛撫

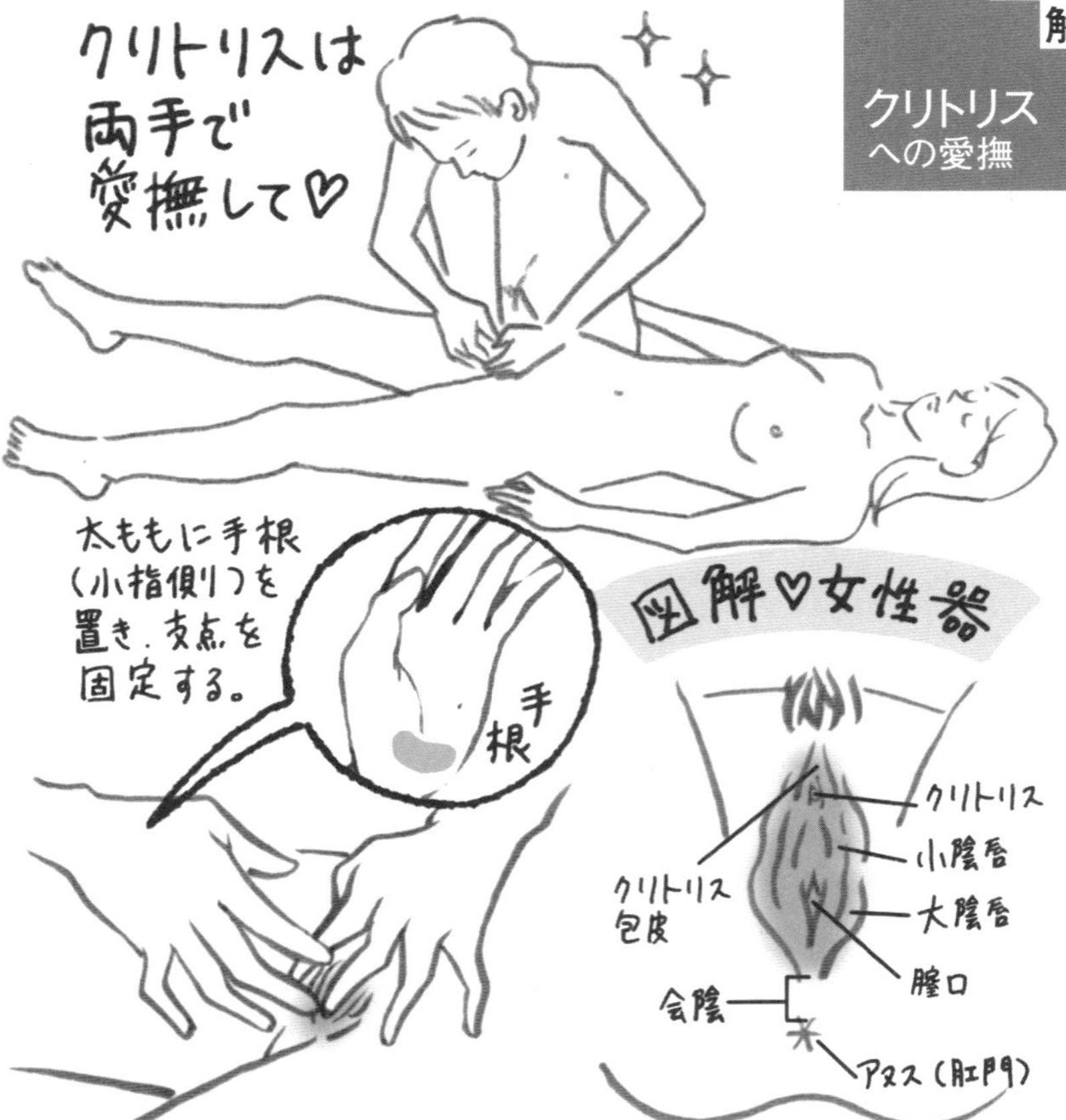
クリトリスは両手で愛撫して♡
太ももに手根（小指側）を置き、支点を固定する。
手根
図解♡女性器
クリトリス
小陰唇
大陰唇
クリトリス包皮
膣口
会陰
アヌス（肛門）

両手での愛撫

注意すべきは、ポイントは〝速度〟であって〝強さ〟ではないということ。スピードアップを図ろうとすると、つい指先に余計な力が入ってタッチ圧にバラツキが生じがちになります。慣れないうちは、スピードよりソフトなタッチ圧を優先させましょう。

クリトリスの皮の剥《む》き方

まず、利き手ではない手の人差し指と中指の指先をクリトリスを軽く挟むように添えます。そしてVサインをするように指を左右に2～3㎝開き、そのままクリトリス周辺の皮膚全体を上に引き上げれば、完全に露出します。

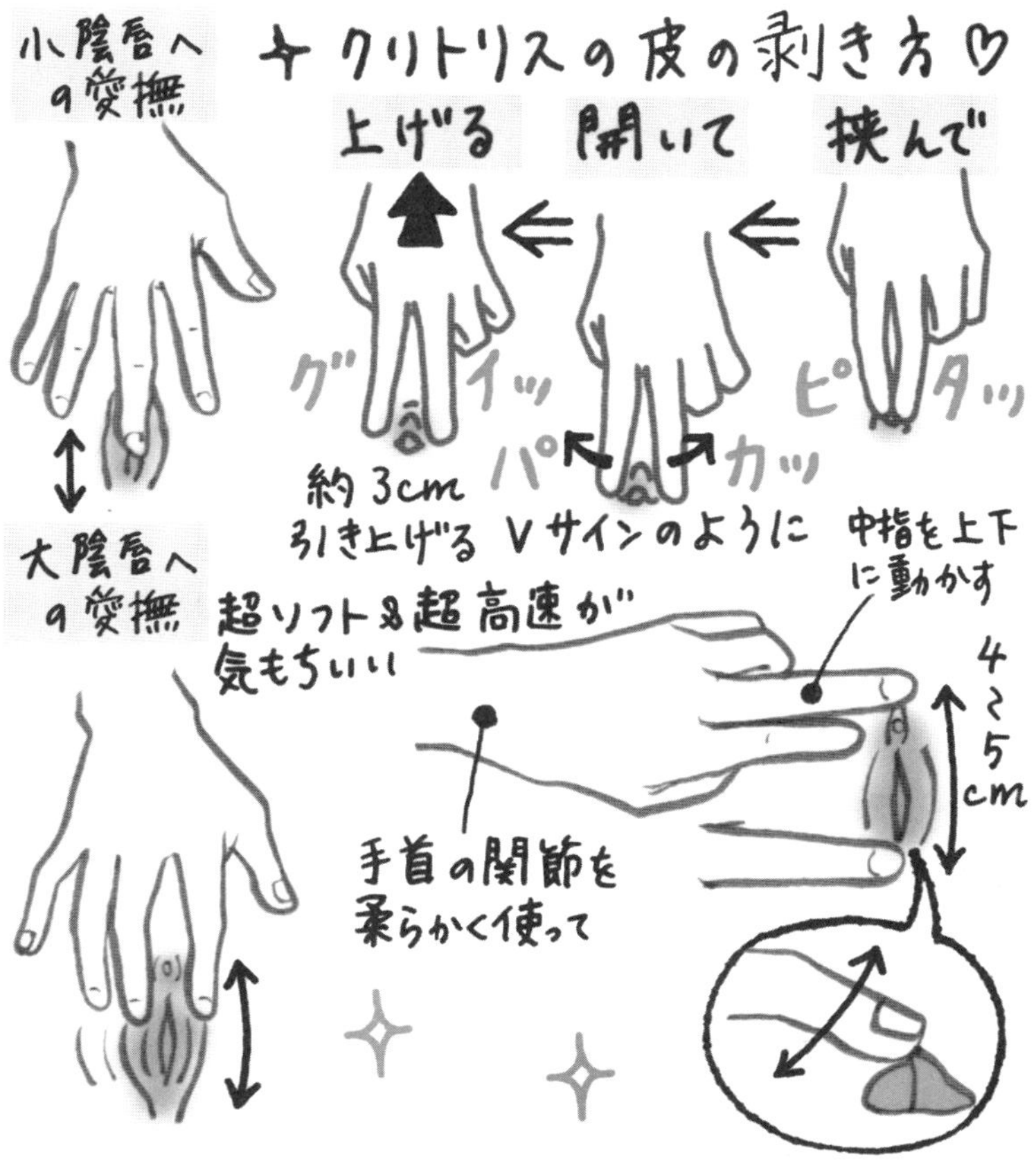

クリトリスの皮の剥き方♡
上げる
開いて
挟んで
小陰唇への愛撫
グイッ
パカッ
ピタッ
約3cm
引き上げる
Vサインのように
中指を上下に動かす
大陰唇への愛撫
超ソフト＆超高速が気もちいい
4～5cm
手首の関節を柔らかく使って

正しい愛撫法

中指の指腹を露出したクリトリスの先端に軽く当てて、上下に4～5㎝幅でスライドさせるようにして刺激します。指先が常に女性器に接触しているように意識するのがコツ。

バイブレーション

手根の肉厚の部分をクリトリスに軽く圧し当てて、小さなバイバイを高速で行うようなイメージで振動を発生させます。同じ振動でも、ピンクローターとは違い、子宮を中心とした下半身全体に快感を浸透させることができる裏ワザです。

オーラル

クンニリングスでの舌の動かし方は、〝上下の動き：左右の動き＝6：4〟が、オーラル黄金比となります。

膣とGスポットへの愛撫

巷《ちまた》に出回っているGスポット愛撫法は、間違いのオンパレード。
AV発の〝潮吹き幻想〟に惑わされることなく、
超絶性感帯を激震させる正しい愛撫法を身につけてください。

〝Gスポット〟はとても有名な膣内の性感帯ですが、巷に出回っている愛撫法は、腹立たしいほどに間違いだらけです。男性の好奇心と妄想が作り上げた、粉飾と偽装まみれの誤情報をリセットして、正しい愛撫法をマスターしてください。

まず最初は〝Gスポット〟の探し方から。

①仰向けの女性に、手のひらを上に向けて人差し指と中指を、膣に平行にゆっくりと挿入します。②指が根本まで入ったら、指の第二関節を直角に折り曲げて恥骨に指腹を押し当てます。この時、指腹が当たっている部分が、Gスポットです。

恥骨方向に指を折り曲げなければ、指先は決してGスポットに当たりません。ですから、巷で言われる〝ペニスでGスポットを突く体位〟など存在しないのです。

愛撫のキーワードは〝圧迫と振動〟です。指腹でGスポットをグッと圧してパッと離す〝オンオフ運動〟を、高速に繰り返し、〝恥骨〟に振動を発生させるのです。具体的には、指の第二関節を支点に、３〜４㎝幅で指先を振幅させます。ＡＶ男優の手の動きから、膣壁を指先で掻き出すイメージを持たれている男性が非常に多いのですが、それは完全な誤り。膣を傷つける恐れがあるので、絶対にしてはいけません。ポイントは〝恥骨へのバイブレーション〟なのです。

スクールでは、まず下半身の骨格模型を使って、Ｇスポットの位置と、膣内での指の動きを説明して、次に私たちセラピストが女性モデルさんでお手本をお見せして、その後で実践していただくという3段階の実技指導を行っています。それでも初めてのＧスポット愛撫は、なかなか注文通りにいかないのが現実。

そこで、オススメなのが、自分の手の甲を恥骨に見立てた自主トレです。左手の手のひらに右手の親指を、左手の手の甲に中指と人差し指を揃えて当てて、第二関節を支点に2本の指をリズミカルに曲げ伸ばしして、オンオフ運動を練習しましょう。指が離れる時の、手の甲との間の距離は約４㎝です。普段やらない動きなので、素早くスムーズに動かすことはけっこう難しいと思います。でも何も障害物のないところでこの動きがマスターできなければ、粘膜で密閉された膣内で行うことはとうてい不可能です。

はっきり言って、Ｇスポット愛撫は難易度の高いテクニックです。だからこそ身につけたら、間違いなく女性は男性の虜《とりこ》になるでしょう。最終的に技に磨きをかけていくのは実践ですが、事前のトレーニングの有無が、実践での明暗をわけるということをお忘れなく。

〝セックスもトレーニングが必要〟という言葉の意味を、今一度再確認してください。

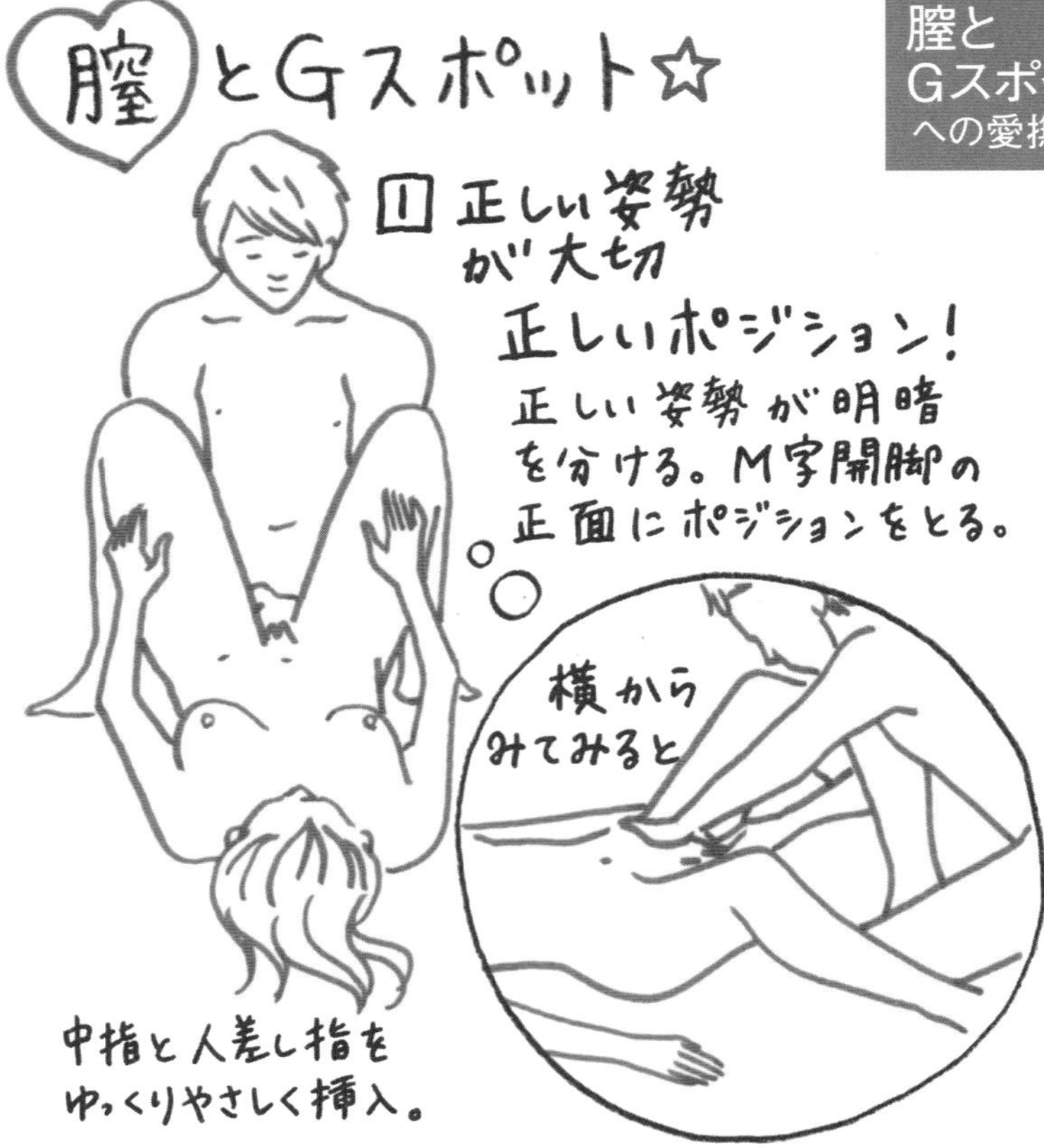
膣とGスポット☆
① 正しい姿勢が大切
正しいポジション！
正しい姿勢が明暗を分ける。M字開脚の正面にポジションをとる。
横からみてみると
中指と人差し指をゆっくりやさしく挿入。

正しい姿勢が大切

まず大切なことは、愛撫する時の姿勢です。仰向けの女性の脚をMの字に開脚して、男性はその正面にポジションをとってください。横からでは、絶対にGスポットを的確に刺激することはできません。

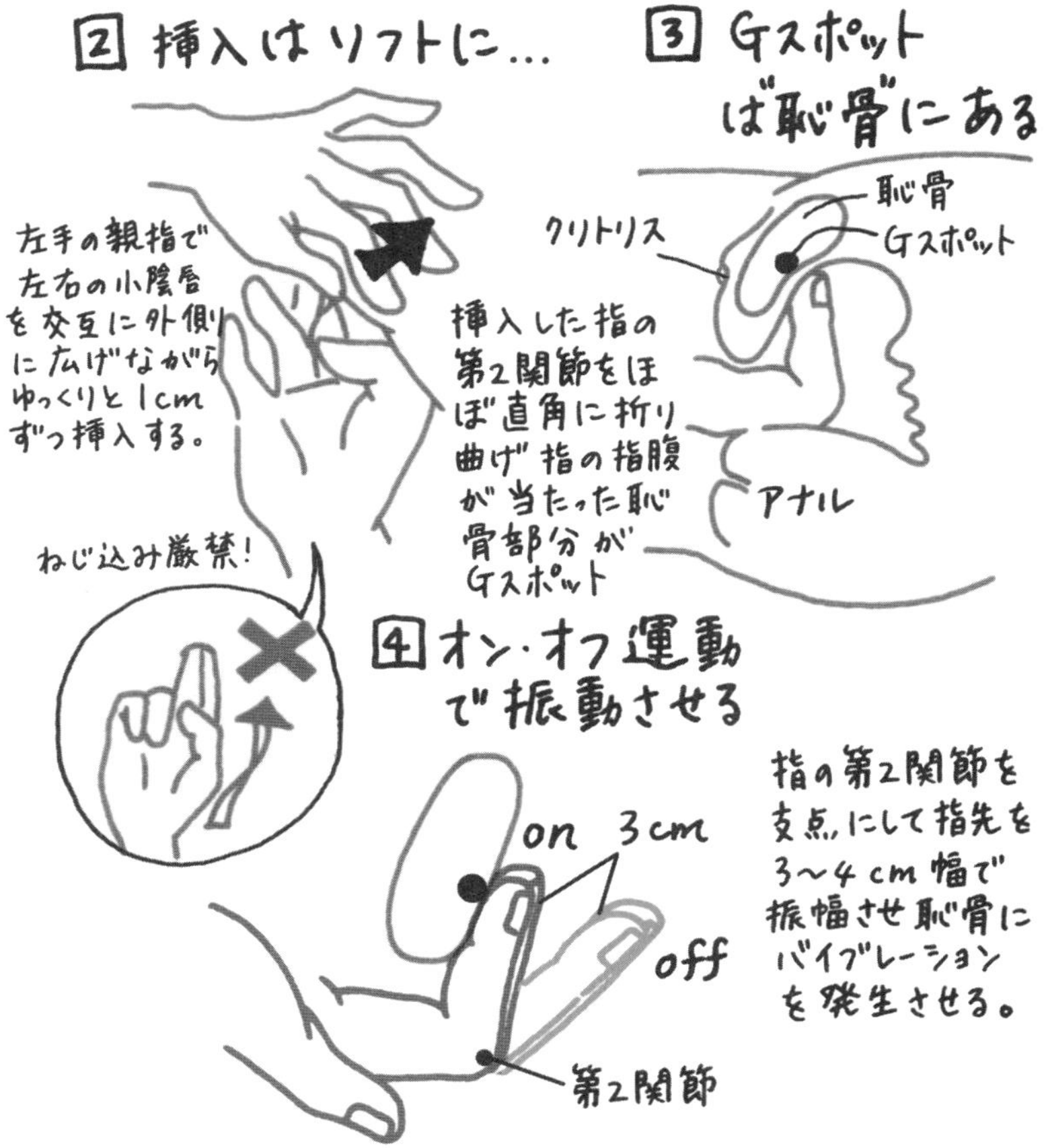

② 挿入はソフトに…
左手の親指で左右の小陰唇を交互に外側に広げながらゆっくりと1cmずつ挿入する。
ねじ込み厳禁!
③ Gスポットは恥骨にある
恥骨
クリトリス
Gスポット
アナル
挿入した指の第2関節をほぼ直角に折り曲げ指の指腹が当たった恥骨部分がGスポット
④ オン・オフ運動で振動させる
on 3cm
off
第2関節
指の第2関節を支点にして指先を3〜4cm幅で振幅させ恥骨にバイブレーションを発生させる。

挿入はソフトに

無神経に指をズボッと入れたり、ドリルのように指をねじりながら入れると、恐怖心で、女性の性感脳の回路がシャットアウトしてしまいます。まず、利き手の人差し指と中指を揃えて膣口にあてがいます。そして反対の手の親指で左右の小陰唇を交互に外側にめくるように膣口を広げながら、1㎝ずつ、焦らずゆっくり挿入しましょう。

Gスポットは恥骨にある

〝膣壁〟ではなく〝恥骨〟だという理解が大切です。

オンオフ運動で振動させろ

グッと圧してパッと離す。このオンオフ運動で恥骨を激震させましょう。

AGスポットとTスポットへの愛撫

膣内には、Gスポットよりも気持ちいい性感帯があるんです。
Gスポットよりも3倍気持ちいい、〝AGスポット〟!
初級者でも簡単に女性を絶叫させられる〝Tスポット〟!

実は私は、Gスポット愛撫の理想形を研究する過程で、Gスポットを超える膣内の快感スポットを発見しました。ここでは2つ紹介します。

ひとつめは、私が〝アダムGスポット〟(以下AGスポット)と命名した性感帯。従来のGスポットよりも1・5㎝奥にあります。たった1・5㎝の違いが、実は大違いで、その快感はGスポットの比ではありません。知的な女性が、「アギャー、死ぬっじぬっギヌー!」と白目を剥《む》いて絶叫する姿を何度目撃したことか。予測不能の快感が女性の理性を吹き飛ばすのです。

そして、そのアダムGスポットのさらに上をいく超絶スポットが、私、徳永の頭文字をとって、〝Tスポット〟と命名した性感帯です。Tスポット愛撫は、挿入した2本の指を揃えたままでOKなのでコツさえつかめば初心者でもすぐにマスターできます。比較的簡単なテクニックにもかかわらず、女性に与えられる快感は最大級という、魔法のような愛撫法なのです。実際私は、「膣で一度もイッたことがない」という女性を、何十人も天国に導いてあげました。

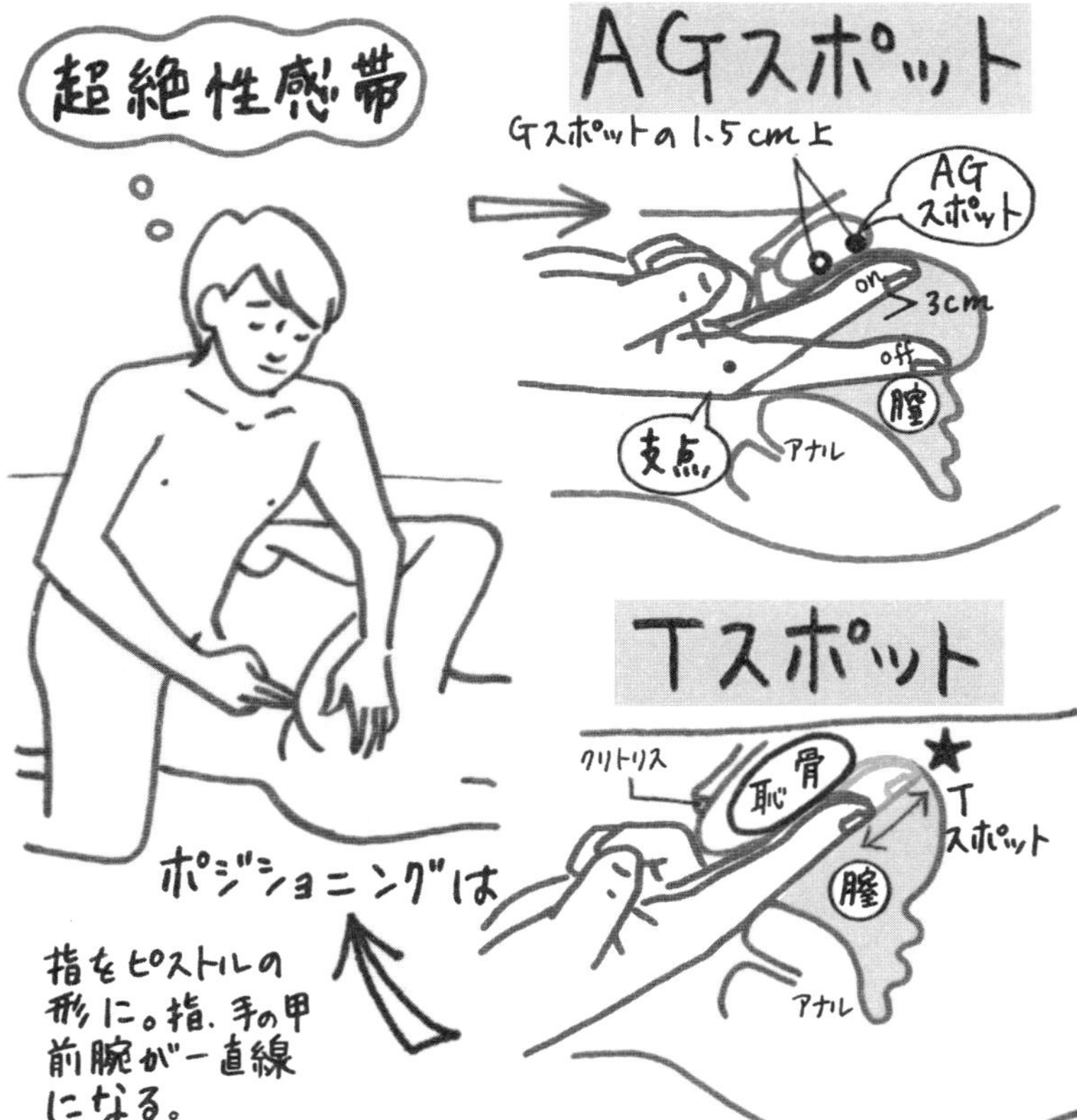
超絶性感帯
AGスポット
Gスポットの1.5cm上
AG
スポット
on
3cm
off
膣
支点
アナル
Tスポット
クリトリス
恥骨
T
スポット
膣
アナル
ポジショニングは
指をピストルの
形に。指、手の甲
前腕が一直線
になる。

ＡＧスポット

場所は、従来のＧスポットの〝さらに１・５㎝奥〟。指が伸びた形になるので、指の第三関節を支点にして、オンオフ運動で愛撫します。

Ｔスポット

愛撫法を順を追って紹介します。①指の挿入は、Ｇスポットと同じ。②指を恥骨に沿って平行に滑らせながら、膣の奥に挿入して、指先が当たる膣壁がＴスポット。③女性のカラダを仰向けから反時計回りに90度回転させて、左脚を直角に折り曲げる。④ピストル形の指、手の甲、前腕が一直線になっていることを確認。⑤指先をＴスポットに押し当てたまま、膣壁を内側から外側（腹部方向）に突くようなイメージで、前後に動かして振動を与える。

いろいろな女性器♡
十人十色！
みんな違ってて当り前！

いろいろな女性器

男性と違って、他人と見比べる機会の少ない女性は、自分の女性器を「かわいくない」と悩み、コンプレックスの対象にしがちです。特に小陰唇の形（大き過ぎない？　左右が非対称？）や色（他人より黒くない？）を「グロテスク」なものと捉えがちですが、人それぞれ顔が違うように、女性器もみんな違っていて当然。悩む必要はまったくありません。逆に、女性本人が「グロテスク」と感じる女性器こそ、成熟した男性の目には「セクシー」に映るのです。男性にはお世辞にも可愛いと思えないキャラクターを、女性が「かわいいー！」と思う心理と、どこか似ているかもしれませんね。

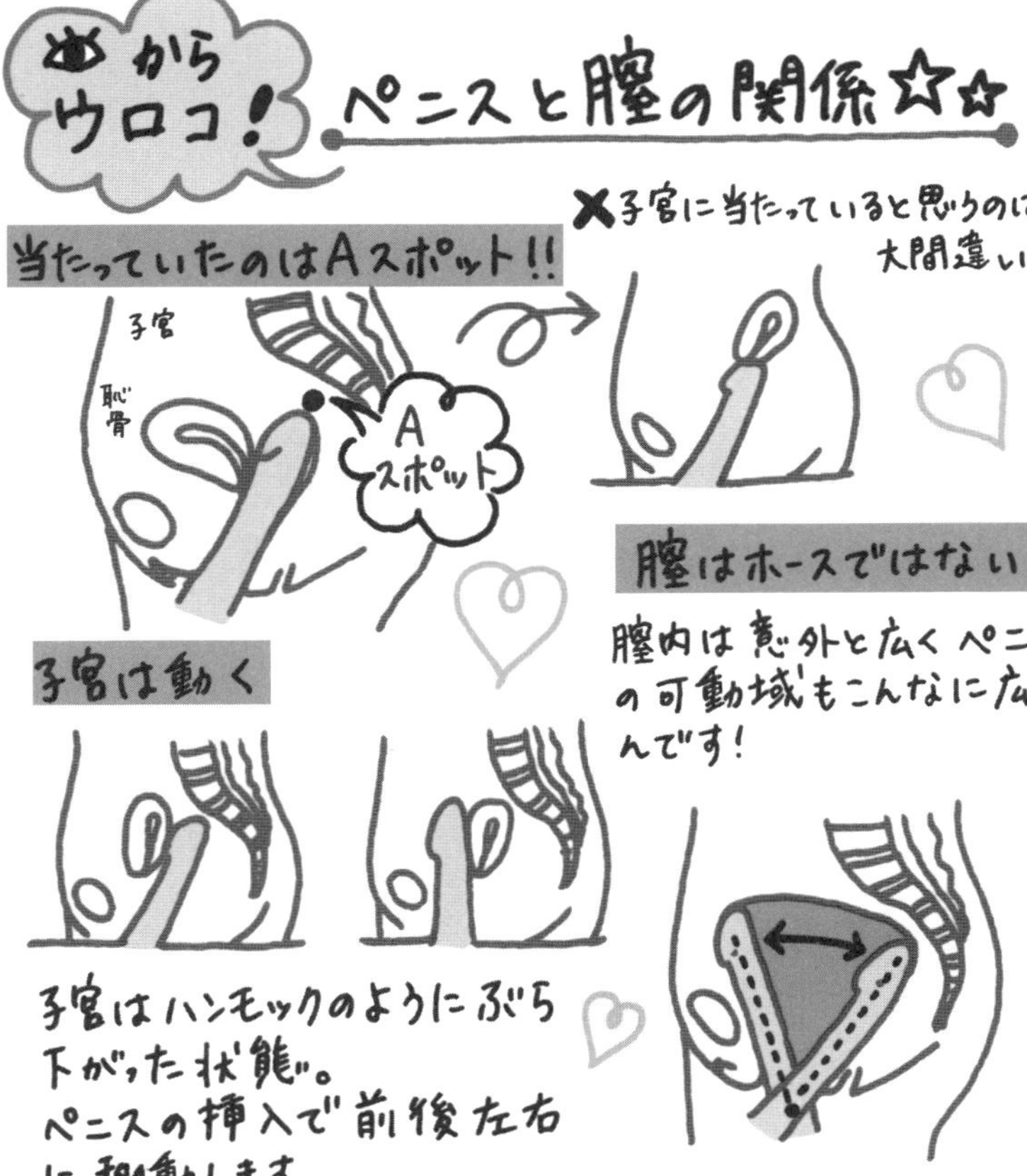
目からウロコ！
ペニスと膣の関係☆☆
当たっていたのはAスポット!!
子宮
恥骨
A
スポット
✕子宮に当たっていると思うのは
大間違い！
膣はホースではない！
膣内は意外と広くペニスの可動域もこんなに広いんです！
子宮は動く
子宮はハンモックのようにぶら下がった状態。
ペニスの挿入で前後左右に移動します。

Aスポット
「子宮を突く」という表現がありますが、膣口から子宮頸部までの長さは約8㎝。勃起したペニスは平均13㎝なので、通過してしまいます。当たっていたのは、私がその存在を明確にした、膣の最深部の性感帯〝Aスポット〟なのです。Aスポットは、ピストンではなく、腰を小刻みに動かして振動を与える交接テクニックが有効です。

膣はホースではない
一般には、膣を〝ホース状の器官〟と捉えがちですが、膣壁は伸縮自在で、体位次第で、幅広い領域に刺激を与えることが可能になります。気持ちいいポイントは女性によってさまざま。いろいろと試して、女性にピッタリの体位を探してあげましょう。

アナルへの愛撫

実は乳首よりも気持ちいい、第一級の性感帯。
恥ずかしいタブーを、〝楽しいイベント〟にシフトチェンジ！
隠し事のない破廉恥な世界観の構築が、セックスを飛躍させます。

女性にとって一番見られたくない〝禁忌《きんき》の場所〟は、実は乳首よりも高感度な性感帯です。まずは、ソフトなところから、お互いにアナル舐めを楽しめる関係作りから始めましょう。〝指の挿入による愛撫〟にステップアップするとき、必ず用意してほしいアイテムが2つ。指サックとマッサージ用オイル。衛生面への配慮は、女性に安心感を与える意味でも重要です。

体勢は、仰向けになって脚をM字に立てるか、四つんばいが適しています。指の挿入は中指を使用します。指サックを装着した中指とアナル周辺をオイルでたっぷり濡らしたら、まずは挿入の前段階として指腹でアナルをクルクルと優しくマッサージしてください。慣れてアナルの入り口が柔らかくなってきたら、ゆっくりと中指を第一関節まで挿入します。第一関節まで入ったら、ゆっくりと引き抜きます。この前後運動を焦らずに何度も繰り返し行ってください。そして頃合いを見計らって次は第二関節まで。そして同様に前後運動を反復します。アナルはとても傷つきやすい場所なので、くれぐれもゆったりとした優しいピストンを心掛けましょう。

第三章

交接のしかた

愛情が深まる交接テクニック

ピストン運動だけがセックスではありません。
ペニスと膣の摩擦よりも気持ちいい〝性エネルギーの交流〟！
本当のセックスの気持ち良さを実感してください。

人間は、誰でも大好きなことにはいっぱい時間をかけます。できるだけ長く楽しみたいと思います。映画なら2時間以上、ゴルフなら5時間以上、お酒好きなら、気が置けない仲間たちと朝まで飲み明かすことも少なくないでしょう。

セックスはどうでしょうか？　健康な男性なら皆、セックスは大好きなはずです。セックスにおいての最大の醍醐味であり、特別な行為である交接（挿入）が嫌いという男性がいるとは思えません。なのに、今の一般男性が、交接に費やす時間は、アベレージで5分。20分も持てば、現在の基準なら「長い」部類に入るようです。ジャンクセックスの弊害という言葉で片付けるのは簡単ですが、セックスをするモチベーションが、〝性欲だけ〟でしかないような現状をとても危惧します。セックス以外にも世の中には楽しいことがいっぱいある。これはとてもいいことです。しかしだからといって、人間だけに許された尊い愛の行為であるセックスが、一般の男女にとって「本当に楽しいもの」ではなくなってしまっていることが、とても心配なのです。厳しい言葉で言えば、一般の成人男性のほとんどは、健康なだけで、一人前の男として成熟していないということです。だから女性に愛想をつかされるのです。

セックスレス化、晩婚化、少子化、ニート、ワーキングプア……。国家の基盤を揺るがすこの一大事を、政治家や知識人と呼ばれる方々は、セックス以外のさまざまな要因やデータを引き合いに出して説明をしようとしますが、私にはそうは思えません。勉強のしすぎで、セックスがいかに人間にとって重要なことかがわからなくなったとしか思えません。この問題の根っこにあるのは、一人前の男になりきれていない男性たちによる、セックスの価値観の下落であることは歴然です。愛し合う男女のごくごく当たり前の基本事項が、楽しいことや気持ちいいことではなくなってしまった、〝セックスプア〟とでも呼ぶべきセックスの貧困が、日本人から、人生の素晴らしさ、今生きていることの喜びや潤いを奪っているのです。

セックスを豊かなものにするために、交接は欠かせない要素です。交接という行為が、本当に楽しく、本当に気持ちいいものであるという実感を得ることは何より大切ですが、それを実感するために必要な知識が、「動かなくても気持ち良くなれる」です。世の男性の多くは、挿入するとすぐに、〝激しいピストン運動〟という間違った男らしさを発揮しがちですが、〝交接はペニスによる膣への愛撫〟という基本を理解すれば、性エネルギーが互いのカラダを交流するだけでもセックスは気持ちいいということがわかるようになってくるのです。

射精や絶頂は、性エネルギーの交流、つまり〝感じる〟を楽しんだ二人へのご褒美なのです。

基本の6体位をマスターしよう

豊富な体位のバリエーションが、
セックスを楽しむために必要な豊かな感性を育てる。
まずは基本をマスターして、その先の応用問題に臨もう。

スローセックスの醍醐味は、やはり長時間交接です。

ちなみに、私の場合は、挿入から射精まで2時間以上かけるのが当たり前です。勘違いされては困るのですが、私がスローセックスの提唱者だから、無理して2時間以上しているのではありません。気持ち良くて楽しくてしかたないから、つい時間を忘れて、気づいたら2時間以上になっているのです。

メインとなるのは、穏やかな腰使いです。腰の動きを止めて会話を楽しむこともあります。長時間交接の素晴らしさは、好きな異性と長く繋がっていられるという〝心の幸福〟だけではありません。心とカラダが〝感じる〟状態の時間を長くとると、性エネルギーがどんどん充填されていきます。肉体労働ではなく、どんどんエネルギーを生み出す原子炉をイメージしてください。長時間交接は、〝カラダの快感〟も、5分か10分で射精してしまうジャンクセックスのそれとは、最後のフィニッシュの爆発力が比較にならないほど違うのです。ジャンボジェット機が飛び立つには長い滑走路が必要です。どんなにジェットエンジンが猛烈に噴射していても、助走距離が短いと、あの重い塊が地上から離れることはできません。セックスもこれと同じで、助走距離が長いほど高く飛べるのです。

余談になりますが、巷では、セックスの時にコンドームの有無がたびたび話題にのぼります。「やっぱりナマのほうが気持ちいいよね」といった具合に。私に言わせれば、ジャンクセックスだと低次元の快感しか得られないから、わずかコンマ何ミリの皮膜でしかないコンドームが悪者扱いされるのです。スローセックスで、豊かな快感のバリエーションと、上限のない快感レベルを体験すれば、きっとコンドームの有無など何の問題でもなくなるでしょう。おのずと、〝コンドームは正しく装着すべき〟という常識が導き出されるのです。

閑話休題。一般の方々のセックスを拝見すると、正常位・騎乗位・後背位といった、とてもシンプルな体位に終始しています。好奇心だけで自分勝手に体位をコロコロ変える男性は女性からの評判が良くありません。しかし、長時間セックスを楽しむならば、より多くの体位を知ることが大切です。人間の持つ豊かな感性を最大限に引き出すことがセックスを楽しむメソッドです。そのためには、体位のバリエーションも豊かでなくてはならないのです。

ここでは、基本となる6つの体位を紹介します。何事もそうですが、基本ができていなければ、その先にある応用問題を解くことはできません。6つの基本体位のそれぞれの特性と特徴を理解して、セックスにおける応用問題、つまりすべての実践に活用してください。

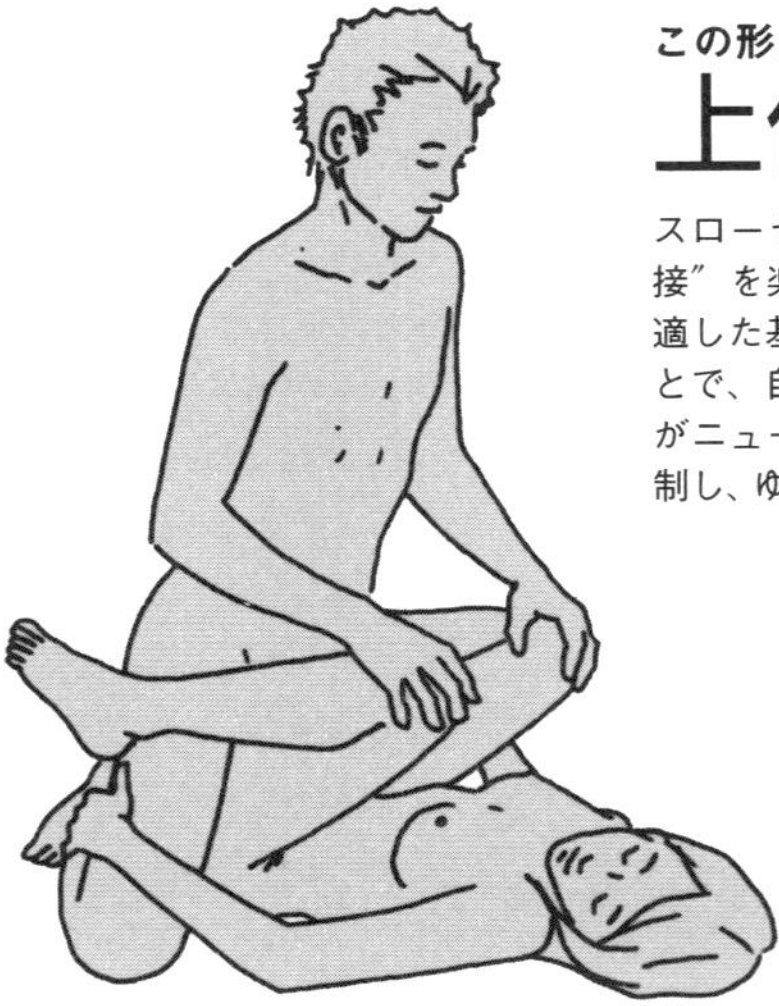

この形がすべての基本

上体立位

スローセックスの醍醐味である、〝長時間交接〞を楽しむためのスタート体位にもっとも適した基本体位。男性の上体が垂直になることで、自律神経である交感神経と副交感神経がニュートラルな状態になるため、射精を抑制し、ゆったりと性エネルギーを交流できる。

応用立位

対面上体立位
男性は上体を起こし、女性の膝を押さえた状態でピストン運動する

横向け上体立位
女性の膝を揃えて左か右に90度ねじる。膣壁を万遍なく刺激する。

股交差上体立位
〝横向き〞から、片脚をまたいで脚を交差。ルービックキューブ体位。

スローセックスにおける正常位

座位

インドの性経典「カーマスートラ」で、もっともスタンダードな体位、つまり正常位と位置づけられているのが座位。顔が向き合っているためキスや会話を自由に楽しめ、快感だけではなくさまざまな愛の要素を楽しむスローセックスのもっとも基本的な体位。

応用立位

対面座位
あぐらの脚を開閉したり、女性の骨盤を前後に動かして楽しみます。

脚挟み座位
男性が女性の片脚を挟むように交差。膣壁を鋭角に刺激できます。

背面座位
女性は男性にもたれかかるように。くつろぎながら癒しの交接を。

腰使いはＤＮＡが覚えている

騎乗位

女性が能動的かつ積極的に交接の喜びを堪能できる体位。女性自身が腰の動きを創意工夫していくことで、快感を調整しながら、自ら性感脳を解放していくことが可能に。腰使いは女性のDNAが覚えています。恥ずかしがらずにエロティックな自分を発見しましょう。

応用立位

対面騎乗位
完全に女性が主体となって、上下運動やグラインドで快感を貪る。

背面座位
女性が男性に背を向けてしゃがみます。男性は交接部が丸見えに。

抱え騎乗位
正常位の男女逆位置。早漏抑制に有効な体位。

側面騎乗位
女性が横を向いて座り、膣壁の側面を刺激する。

交接の奥深さを楽しむ

側位

男性が女性の片脚を挟むようにして交差させて挿入するのが側位（交差位）。下腹部の密着面積が大きく、密着度も高いために、性エネルギーの交流を活性化させるのに適している。難しそうという先入観をリセットして、交接のバリエーションを増やしてください。

応用立位

抱擁側位
ハグしてキスしながら。腰は動かしづらくとも性エネルギーは活発に。

並列側位
男性は肘をついて女性の横にポジショニング。ゆったりと交接できる。

十字側位
体勢を十字に移行。〝並列〞よりも腰を過激に動かすことが可能です。

直列側位
いわゆる〝松葉崩し〞。呼吸が合えば意外と簡単です。レッツ挑戦。

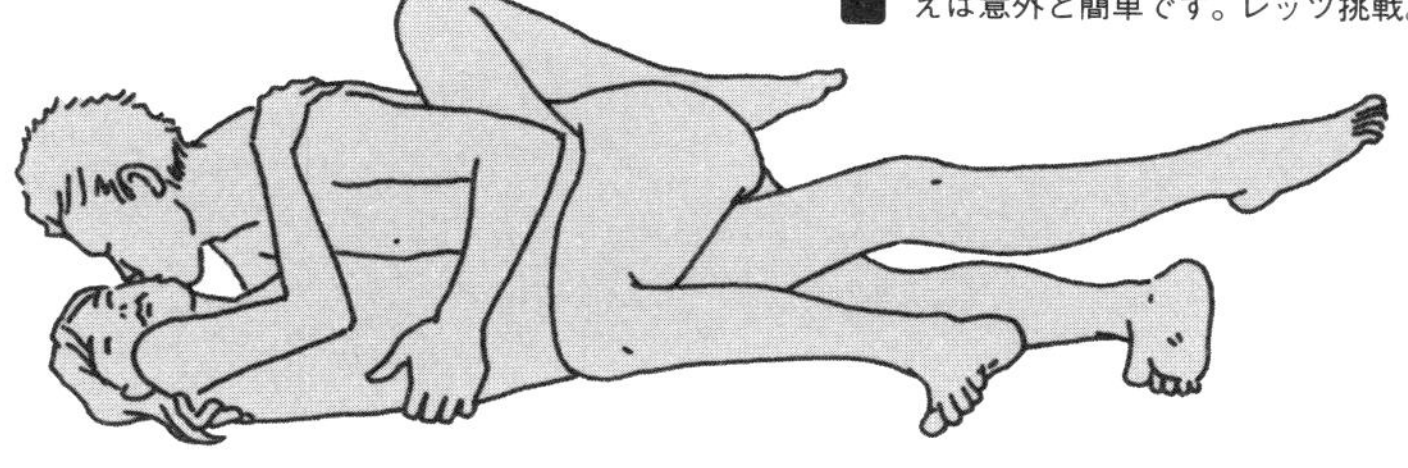

野性的なポーズで本能を喚起

後背位

後背位（バック）は、動物の交尾においてもっともポピュラーな体位。ピストン運動で子宮を突かれる感覚が、女性の脳幹に刻まれたみだらなメスの本能を呼び覚まして、交接の興奮度を高めていきます。バイブレーションでAスポットを攻めるのにも最適です。

応用立位

腕立て後背位
女性が四つんばいになるもっともオーソドックスな後背位。

つぶれ後背位
女性が胸を床に。アナルが露出し、羞恥心をかきたてます。

ねじり後背位
女性が上体をねじり、ペニスの当たり具合の変化を楽しむ。

腰下ろし後背位
男性の膝に座るように交接。女性の動きが愛らしい体位。

〝射精位〟は、とどめの一撃で！

正常位

男性の上体が前傾姿勢になるため、興奮と射精を促進する交感神経の働きが活発に。また、男性が腰を自由に使えるため、完全なる攻撃モードに突入する、まさに〝射精位〟。フィニッシュには最適でも、持久力に自信のない男性が、この体位から始めるのは自爆行為です。

応用立位

抱え正常位
女性の上体を抱擁しながら。密着度が高く、クライマックスに最適。

腕立て正常位
男性は脚を伸ばし、両腕をつきます。腰を一番動かしやすい体位。

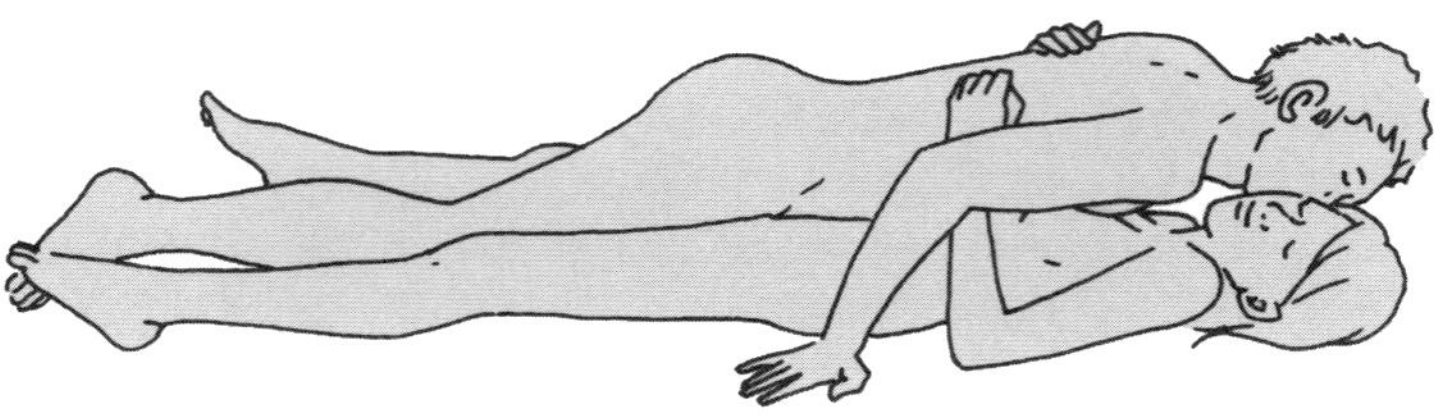

体位のルービックキューブテクニック

無限のバリエーションを可能にする画期的な体位の連続移行動作。
愛し合う二人が一体となって踊る華麗なダンス！
微妙で繊細な変化が、官能をより深く熟成させていく。

基本の6体位をマスターできたら、ぜひチャレンジしていただきたいのが、私が考案した〝体位のルービックキューブテクニック〟です。基本の6体位を基礎としながら、ペニスを抜かないで体位を変化させていくもので、縦の変化と横の変化の2種類の体位の移行を自由な発想で組み替えていくことで、おもちゃのルービックキューブのごとく無限のバリエーションを可能にしました。

一般の方は、交接を、ピストン運動によるペニスと膣の摩擦ととらえがちですが、愛し合う男女のまさに晴れ舞台であるセックスとは、そんな短絡的で即物的な皮膚感覚だけに支配されるものではありません。圧迫したり、振動を加えたり、時には抱き合ったままじっと結合部の動きを止めて、ただ官能のままに身を任せるだけの状態でこそ味わえる、淡く深い快感もあるのです。体位によって、ペニスの角度が少し違うだけでも、刺激を受ける場所が変わって、膣内の気持ち良さの質やレベルは刻一刻と変化をみせます。

微妙で繊細な感覚の変化を楽しむことが、二人の愛を熟成させていくのです。

図解 体位のルービックキューブテクニック

基本のタテの変化

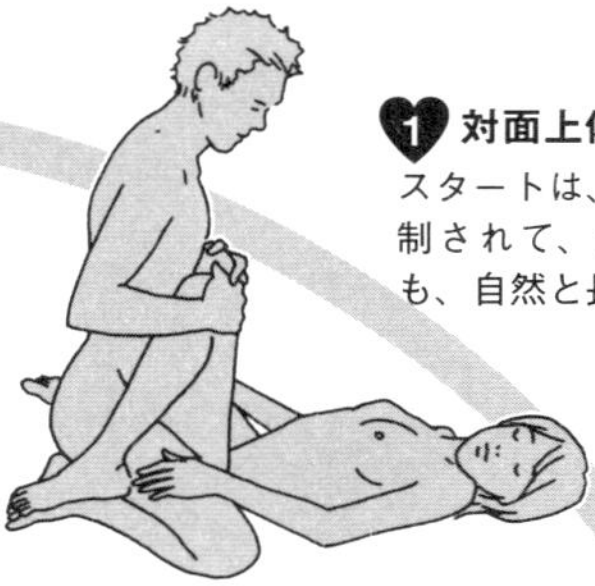

1 対面上体立位

スタートは、男性の射精と興奮が抑制されて、少し早漏ぎみの男性でも、自然と長持ちになる対面上体立位から。最初の数分は腰を動かさずに、膣にペニスがフィットするまで待ちましょう。

2 対面座位

対面上体立位で十分に交接を行った後、男性が女性の上体を引き起こせば、対面座位の体勢になります。激しく腰を使うのではなく、ただお互いのカラダを前後左右に揺らすだけでも十分に気持ちいいはずです。

3 対面騎乗位

対面座位から、男性が上体を後ろに倒せば、自然と対面騎乗位になります。女性は思うままに腰を動かし、男性はリラックスして愛する女性のエロティックなダンスを観賞しましょう。

4 抱え騎乗位

対面騎乗位で上になっている女性を引き寄せて、抱擁する形をとります。射精をコントロールしやすい体位なので、多少早漏ぎみの男性でも、ダイナミックなピストン運動が楽しめます。

8 正常位

いよいよクライマックスです。男性は上体を前傾姿勢にして、一気呵成《いっきかせい》の腰使いで持てるエネルギーのすべてを解き放ちましょう。体を密着させることで、幸福感に包み込まれます。

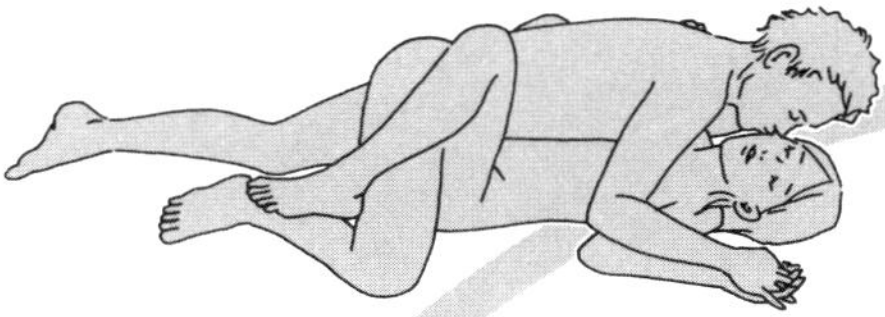

7 対面上体立位

男性はハグするようにサポートしながらゆっくりと女性の上体を寝かせて、対面上体立位に戻ります。クライマックスに向け、互いの官能状態を観察しながら、興奮を高めていきましょう。

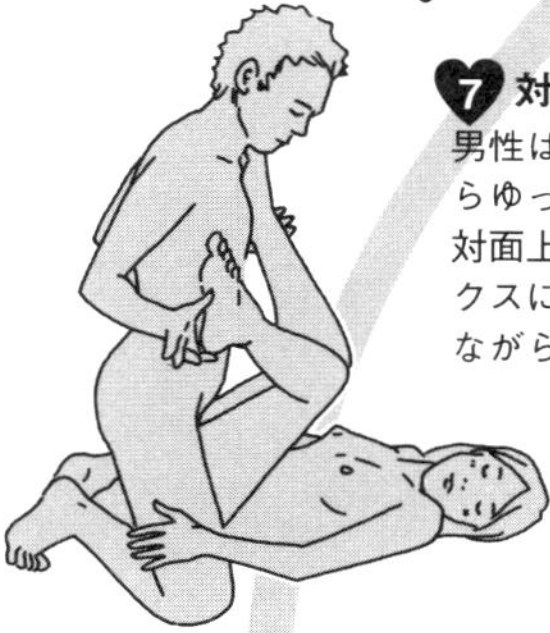

6 対面座位

男性が上体を起こして、対面座位の体勢に戻ります。先の騎乗位で熱いピストンを楽しんだ場合は、いったん動くのをやめて淡い官能を楽しむのが効果的。ゆったりと性エネルギーを高めましょう。

5 対面騎乗位

抱え騎乗位から、女性が起き上がって上体を立てて、対面騎乗位の体勢に戻ります。女性が騎乗位での腰使いが苦手そうな場合は、男性が腰に手を添え、動きをサポートしてあげましょう。

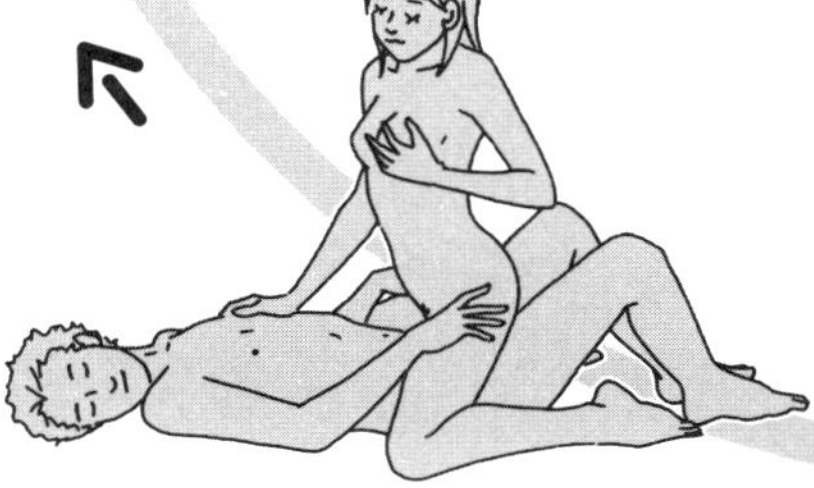

図解 体位のルービックキューブテクニック

基本のヨコの変化

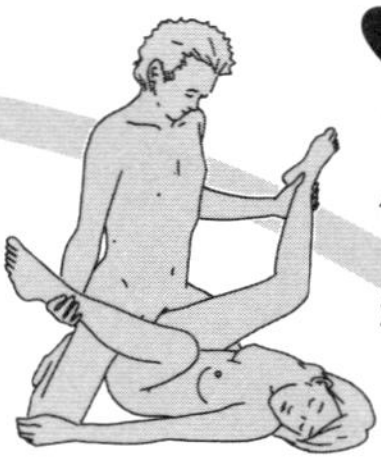

1 対面上体立位

ヨコの変化の場合も、タテと同じく対面上体立位がスタート体位となります。柔軟な女性なら、脚をV字開脚にすると、刺激的な視覚効果が楽しめます。

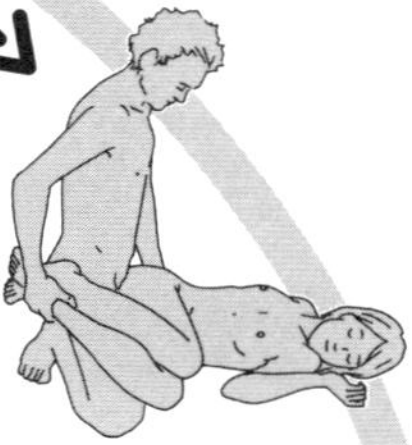

2 横向き上体立位

女性の両脚を揃えて、体の横に倒します。骨盤の角度が変わり、膣を刺激するポイントに変化が生まれます。

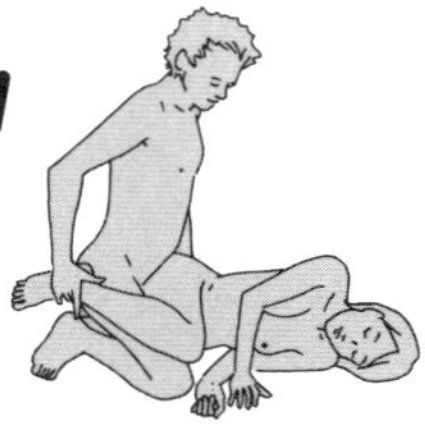

3 股交差上体立位

〝横向き～〟から女性の左脚を伸ばし、ペニスが抜けないように注意しながら、左脚をまたいで交差させる。

4 股交差側位

男性が上体を倒して、女性の左脚を両脚で挟むようにします。たゆたゆとした交接を楽しむのに最適です。

5 体側後背位

女性の体を横向きにして、脚を抜きます。女性の背面に密着して正常位とは違う一体感を堪能しましょう。

6 うつぶせ後背位

女性の背中に覆いかぶさるように、女性をうつぶせにします。柔らかいお尻を圧迫する感覚が刺激的です。

⑫ 正常位

股交差上体立位で、上になっている女性の右足を抜いて男性の左側に移し、上体を前傾すれば正常位です。

⑪ 股交差上体立位

そのまま男性が上体を起き上がらせます。ペニスが膣の最深部まで入るので膣壁奥に、強烈な快感を与えることができます。

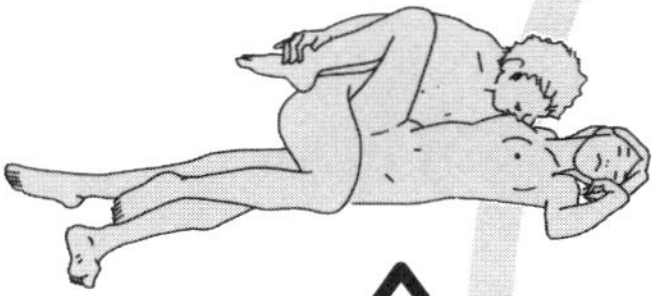

⑩ 股交差側位

女性の体を反転させながら、女性の左脚に男性の左脚を潜り込ませるようにして、女性の脚を挟みます。

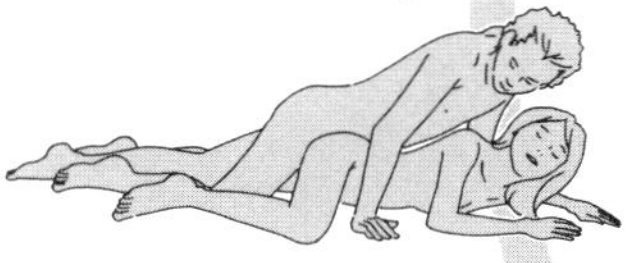

⑨ うつぶせ後背位

〝動〟の後背位の後は、〝静〟のうつぶせ後背位へ。呼吸を整えながら、癒しの一体感を堪能しましょう。

⑧ 後背位

女性が両腕をついて四つんばいになります。野性的な腰使いで、女性のメス本能を解放させましょう。

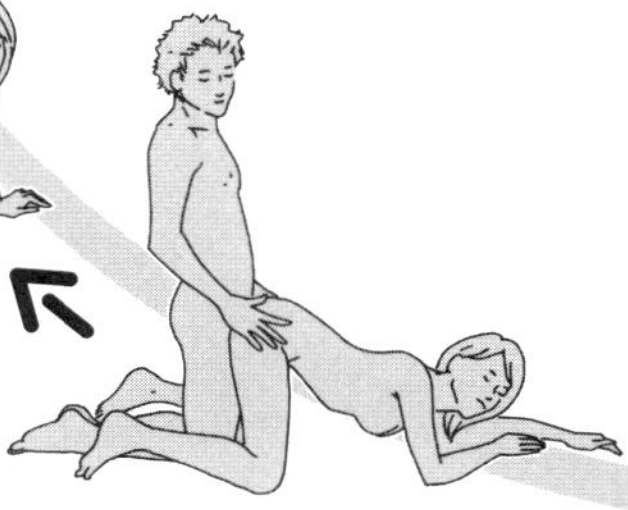

⑦ つぶれ後背位

男性は自分の上体を起こしつつ、女性の腰を持ち上げ、尻を突き出すように促します。アナルが丸見えに。

目的別〝HAPPY体位〟を選ぼう

癒し、安らぎ、一体感……。
ピストン至上主義の即物的な交接はちょっとひと休みして、
ラブラブな二人にピッタリの〝得意技〟をマスターしませんか？

私は、100種類以上の体位を考案しました。そのすべてを本書で紹介することは紙幅の関係で不可能です。その代わりに、セックス初心者のカップルでも比較的簡単にスローセックスの交接が楽しめる体位を6種類ご紹介します。

何事もそうですが、一度にすべてを覚えようと焦ってしまうと、途中で挫折してしまい、できることもできなくなります。まずは、自分たちの目的にあった体位を選んで、パートナーと気持ちいい練習を積んでください。それが、得意技と言えるようになるまで熟練してきたらしめたものです。その一つの体位を基準にして、次の変化、また次の変化と増やしていくだけで、あっという間に10や20のバリエーションを手にしていることでしょう。そしてその頃には、微妙なペニスの当たる角度の変化による微妙な快感の違いを、交接の〝味わい〟として楽しめる能力と余裕が備わっているはずです。

交接中、ずっとハッピーが続くのが、本当に気持ちいいセックスなのですから。

図解
目的別
HAPPY
体位

キスも一緒に楽しみたい

▶開脚側面座位

男性の伸ばした脚の上に、女性はカラダを横に向けて脚を開き、男性の肩に手をかけて座ります。女性は、あたかもベンチにでも座っているかのようなリラックスした感覚で、のんびりとキスを楽しみながら交接してください。自然に身を任せたスローな腰使いで。

♥ワンポイント・アドバイス

この体位では、ペニスの挿入度は極端に浅くなります。しかしこれまで繰り返し述べてきましたが、激しい刺激だけが交接のすべてではありません。安らぎも大きな醍醐味です。

交接しながら、胸を愛撫したい

▶並列側位

男性は女性の左脚を両脚で挟み、肘をついて女性の横にポジションをとります。ゆったりと交接しながら、胸への複合愛撫も楽しめます。射精に突き進まず、イクことよりも〝感じることを貪る〞をテーマに掲げるスローセックスのオススメ体位のひとつです。

♥ワンポイント・アドバイス

ここから、女性の右膝を男性が右手で抱え込めば、腰を動かしやすくなり、ピストンに強弱をつけることができます。また、女性の右脚を上に持ち上げるとM性を刺激できます。

奥までしっかり挿入したい

▶後傾股交差上体立位

ルービックキューブ体位のヨコの変化で学んだ、〝股交差上体立位〟から、男性が片手を後ろについて、上体を後方に傾けます。体勢的にはわずかな変化ですが、実は、私が考案した１００種類以上の体位の中で、一番ペニスを奥まで挿入することができる体位です。

♥ワンポイント・アドバイス

体勢的に腰を激しく動かすには不向きな体位です。ペニスの先端で膣の最深部をググッと〝圧迫〟するような感覚で、ピストン運動とはまた違った交接を楽しんでください。

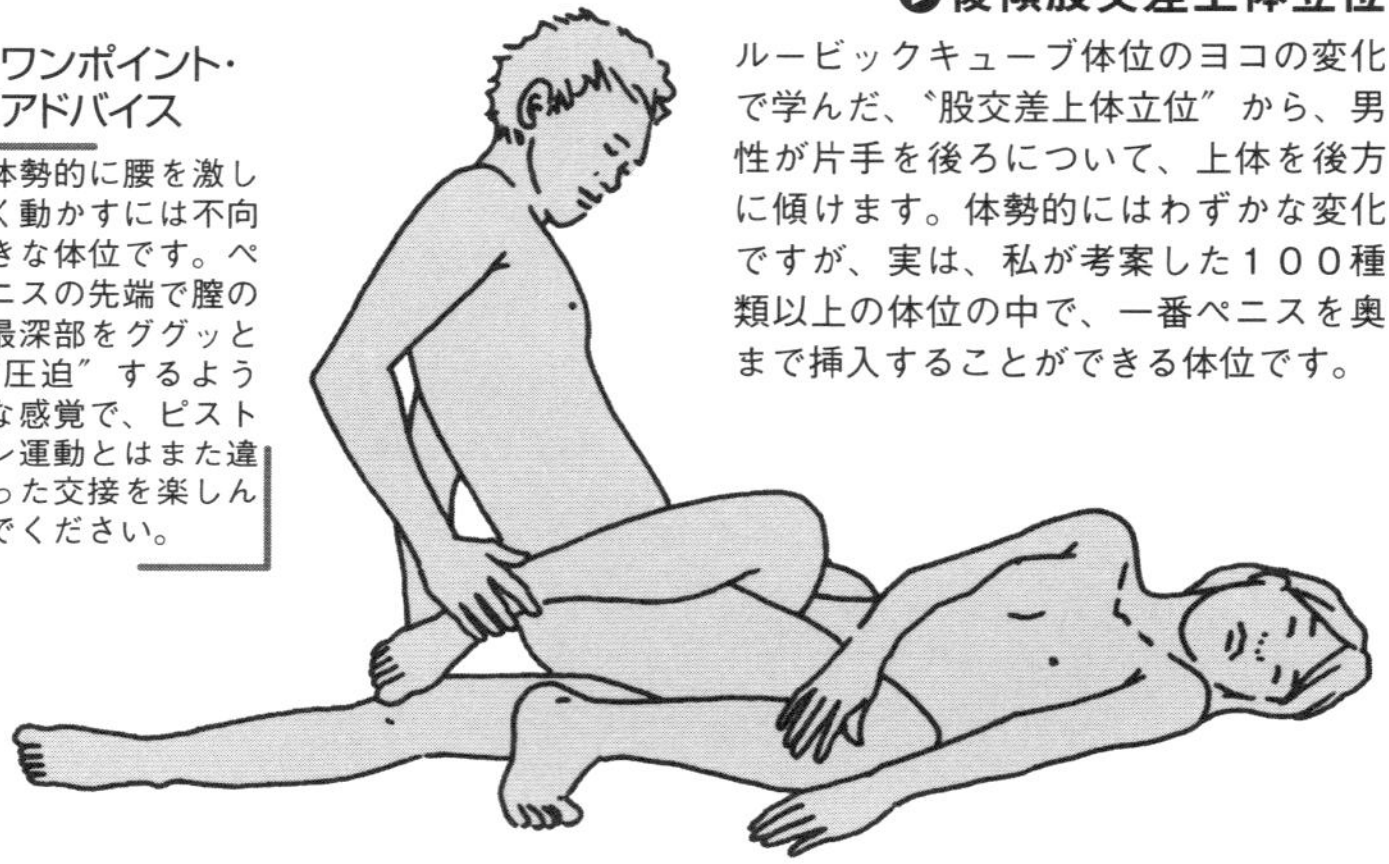

彼女のM性を刺激したい

▶両腕取りつぶれ後背位

後背位で、女性が胸をベッドにつける体勢を取るのが〝つぶれ後背位〟。アナルを最大級に露出するため、これだけでも女性にとっては十分に恥ずかしいポーズですが、さらに女性の両腕を後方に取ることによって、羞恥心に〝拘束感〟がプラスされ、相乗的に女性のM性を刺激します。

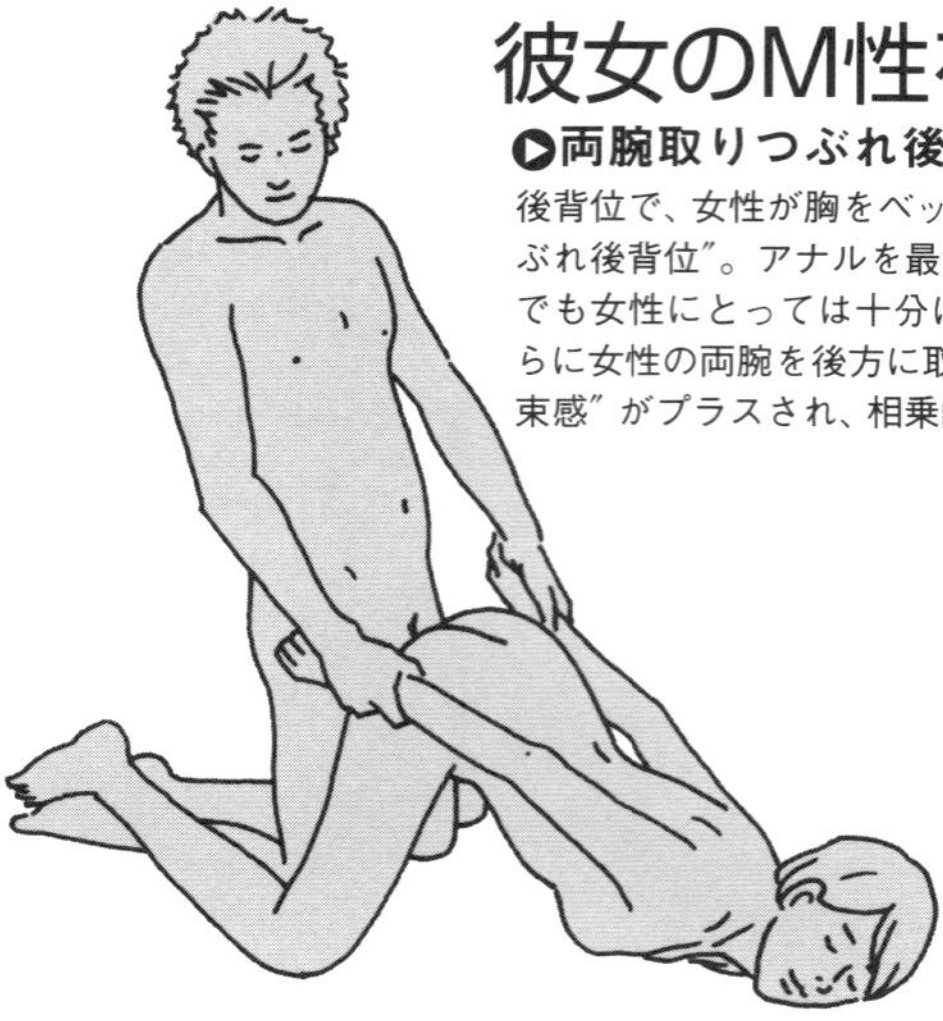

♥ワンポイント・アドバイス

体勢が不安定なことに加えて、女性の首への負荷が大きいので、激しいピストン運動は厳禁です。ピストンは控えめでも、十分すぎるほどエロティックな時間を堪能できます。

図解 目的別 HAPPY 体位

感じながら癒されたい

▶脚伸足挟み抱え正常位

閉じた女性の脚を、男性が両脚で挟んで、互いの上体を重ね合わせて交接します。密着面積がとても大きいので、女性は男性に包み込まれているような安らぎを覚えます。静かに腰を動かしながら、カラダ全体が融合していくような幸福な一体感を堪能してください。

♥ワンポイント・アドバイス

男性は、ベッドについた両手で体を支えて、体重がかかりすぎないようにコントロールしてください。このとき、両手をラブ握りにすると、性エネルギーの交流が高まります。

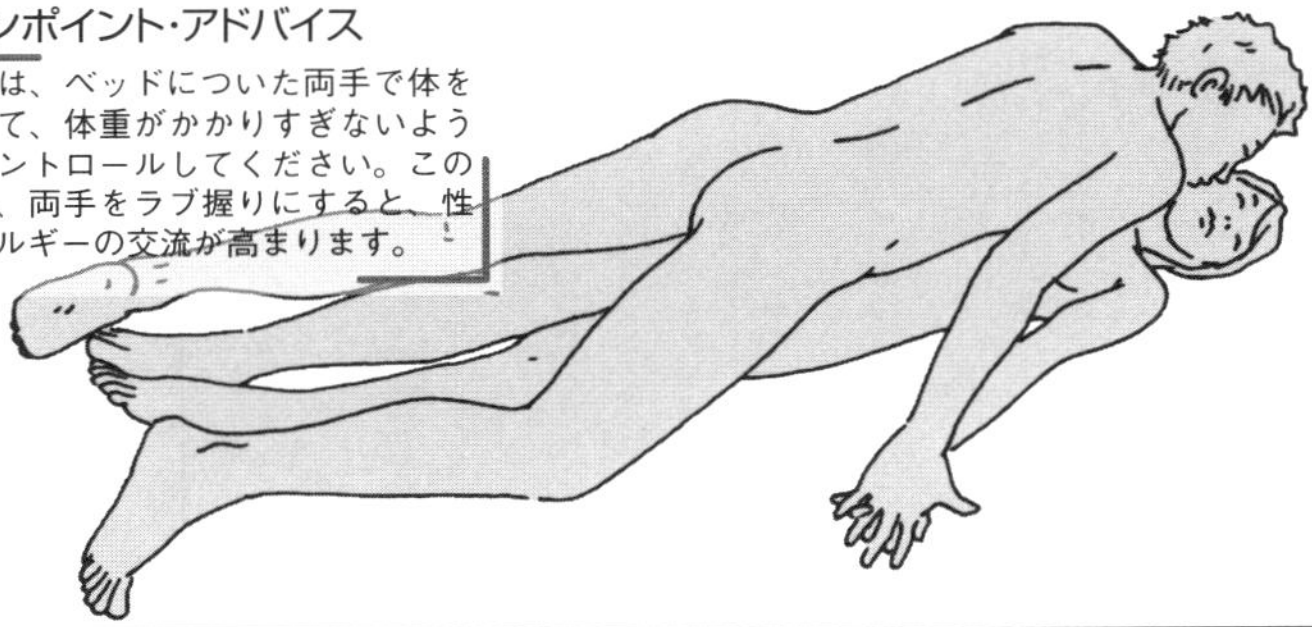

彼女に主導権を握らせたい

▶脚屈腰下ろし前屈後背位

女性が主導権を握れる体位が騎乗位だけというのでは発想が乏しすぎます。後背位は、一般に男性主導と思われていますが、その常識を打ち破る体位がコチラ。正座した男性の脚の間にしゃがむように挿入して、女性はベッドに前屈してうつぶせになります。

♥ワンポイント・アドバイス

ペニスが膣後壁を刺激する体位です。騎乗位とはひと味違う腰使いが楽しく、女性のさらなる能動性の発現が期待できます。一緒に腰を上下させるのもよし。おすすめです。

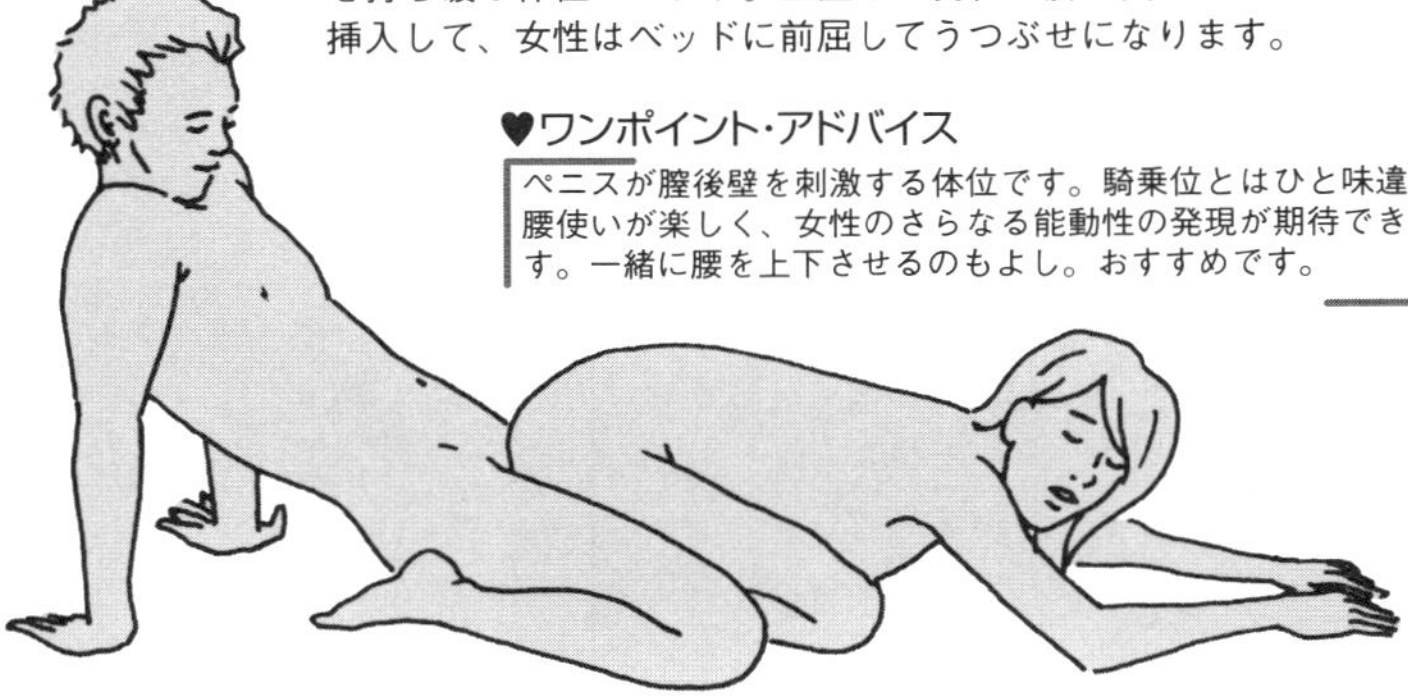

Durex Sexual Wellbeing Global Survey 2007

過去4年間の日本と他国の〝セックス頻度〟の差

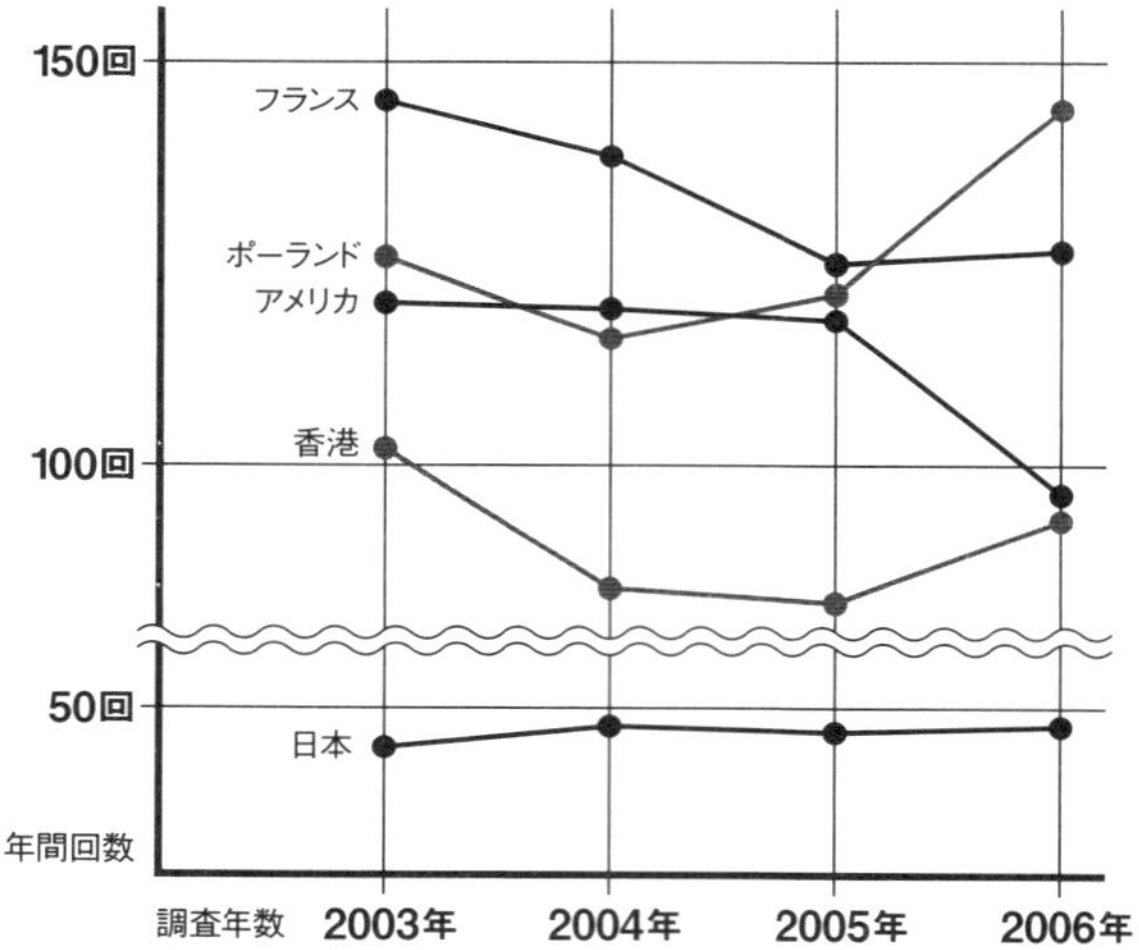

傾向と対策

日本では、セックス頻度の高い国といえばフランスというイメージがありますが、今年は11位。反対に順位を上げたのはポーランドで、2005年の8位から3位にジャンプアップ！　いったい何があったのか？　それにしても、日本が他国に水を開けられているのがよくわかります。

第四章

女性から男性へ

男だって実は待ってる

〝すぐにパクッとくわえるフェラチオ〟は、今日から禁止！
「もっとゆっくりイキたい」という男性の切ない男心を理解して、
今までのジャンクな小爆発を、スローな大爆発に変えてあげましょう

前章までは、男性から女性への愛撫がメインでした。本当のセックスの楽しさを知るためには、巷にはびこるジャンクセックスから脱出することが大前提。そのためには、男性側が射精よりも気持ちいいことがあること、つまり女性を官能させる喜びを体感することが大切だからです。けれどもやはり、セックスの本質的醍醐味は、〝相互愛撫・相互官能〟に他なりません。

しかし、男性がキスをセックスの前の通過儀礼と考えるように、ペニスへの愛撫を、挿入前の通過儀礼と考える女性は少なくありません。簡単に言えば、「あんまりしたくないけど、カレがどうしてもっていうからしかたなく」フェラチオをしている女性がとても多いのです。

男性に尽くすことを美徳とする大和撫子をしてこう思わせてしまう原因の大半は、女性を満足させられない男性にあることは事実です。ですが、愛し合う二人の間で悪者探しをすることは不毛ですよね。解決策があるとすれば、気づいたほうが率先して自分を変えていくことです。

愛する男性のペニスを上手に愛せない女性は、次の3つのタイプに大別できます。

①はじめからヤル気がない、自発的消極派タイプ
②ヤル気はあるのにやり方がわからない、不勉強消極派タイプ
③ヤル気はあるのにヤル気が空回りしている、勘違い積極派タイプ

自分がどのタイプに近いのか考えながら、参考にしてみてください。

①のタイプがよく口にする理由は、「私は風俗嬢でもAV女優でもないから」というものです。私は彼女たちにこうアドバイスします。楽しくて気持ちいいセックスの障害になるようなプライドなど早めに捨てたほうがいいですよ、と。スローセックスで本当の快感を知った女性たちは、みなさん「彼のペニスが可愛くてしかたないの」と目を細めます。性感脳が開花すれば、100%の女性がこうなります。愛する男性のペニスを可愛いと思うのは、すべての女性のDNAに刻み込まれた能力だからです。この能力の封印は、〝性感脳〟開花の遅延でしかありません。

②のタイプは、正しいテクニックを身につければ大丈夫です。

さて、問題は③です。最近は女性誌での啓蒙効果もあってか、「フェラチオ大好き」という積極派が増えてきました。男性にとっては嬉しい傾向には違いないのですが、実は、フェラチオに自信のある女性こそ大きな誤解をしています。それは、「男は早くイキたい生き物」だと、思い込んでいる女性がとても多いということです。セックスの相手が、血気盛んで回復力もある若い男性なら〝最初からフルスロットル〟なペニスへの愛撫でも問題ないのかもしれません。

しかし、ほとんどの男性の本音は、

「男もゆっくりイカせてほしい」です。

ここを勘違いしてはいけません。せっかく男性をイカせられる技術を持っているのに、なぜ持てるテクニックのすべてを繰り出してはいけないのか？　その理由は、セックスが始まってすぐに乳首とクリトリスを愛撫する男性がイケてないのと同じです。女性のみなさんの理解を早めるために、あえて極論を言えば、〝ペニスは女体の縮小版〟なのです。女性のカラダの性感帯の数に比べればはるかに少ないとはいえ、ペニスにもさまざまな性感帯が潜んでいます。そしてそれらの性感帯は、女性のカラダ同様に、場所や愛撫法によって、さまざまな快感をもたらします。つまり、ペニスを愛撫するときのメソッドと心構えは、男性が女性のカラダを愛撫するときと同じで、「脳（性感脳）を愛撫する」ことが最重要となります。優しい愛撫による淡い快感をメインにして、質やレベルの違う快感をゆっくりと時間をかけてペニスに与えることで、性的エネルギーのボルテージが徐々に高まっていき、果たして、射精に直結する強い刺激に終始したときとは、比べものにならないほどの大爆発を起こすのです。

女性のオーガズムと違い、射精は、とてもわかりやすい男性の絶頂です。でも女性のみなさん、目に見えることを鵜《う》呑《の》みにしてはいけません。見た目にはわかりにくい女性のオーガズムに、さまざまな快感のレベルがあるように、〝精液が出る〟という、一見、いつもと変わらないように見える男性の「イク」にもさまざまな快感レベルがあるということです。激しい刺激による短時間での射精は、女性の「イク」と同じく、所詮、浅い快感でしかありません。男性も「いっぱい感じる」ことで、「いっぱい気持ち良くなれる」のです。これが真実です。

本章では、女性のみなさんに〝女性から男性への愛撫〟の基礎を学習していただきます。

まず、女性にお願いしたいのは〝すぐにパクッとくわえるフェラチオ〟の禁止です。

「エッ、でも彼がそうしてほしそうにするから、してるのに」

はい、ごもっともです。しかし、それは男性本人も、私が今まで述べてきた、本当に気持ち良くなるためのペニスの性メカニズムを知らないからなのです。ジャンクセックスになれすぎて、今の射精が小爆発にすぎないことに気がついていないのです。男性でも絶叫してしまうような大爆発があることを、愛する男性に体験させてあげましょう。男性にしろ女性にしろ、今までのセックスとは違う、何かひとつの体験が、セックスを変えるきっかけになるのです。

さて、よく「フェラチオって口が疲れるぅ」という意見を耳にしますが、これは、必要以上に頑張りすぎている可能性が高いかもしれません。一気にペニスを丸呑みして、一所懸命にピストン運動……。愛するカレのために頑張るその心意気は、とても尊いことですが、旺盛なサービス精神を発揮する方法に関しては、若干の軌道修正が必要かもしれません。

ペニスの愛撫には、口に含んで首を上下運動するだけでなく、舐めたり、吸ったり、唇で締め付けたり、舌や口内の粘膜でこすったりなど、さまざまなオーラルテクニックが存在します。

好きこそ物の上手なれ。今は自信がなくとも、彼を愛する気持ちがあれば大丈夫です。自信をつけるためにも、正しいテクニックを学んでください。

ペニスへの愛撫

愛するカレのシンボルは、貴女の可愛いペット！
〝サービスタイム〟から〝楽しい遊び時間〟にシフトして、
ゆっくりたっぷり丹精込めて愛情を注いであげましょう！

気持ちいいセックスを楽しむために、〝知識とテクニックが必要〟なのは女性も同じです。〝ペニスへの愛撫〟というと、すぐにペニスを口に含むフェラチオを連想する女性がほとんどだと思いますが、〝フィンガーテクニック〟を忘れてはいけません。男性から女性への愛撫で、アダムタッチが脅威の威力を発揮するように、男性から女性への愛撫も、人間のカラダの中で一番器用な部位である指先こそが、繊細でテクニカルなタッチを可能にして、女性が男性を愛する気持ちを、もっとも正確に、そしてもっとも的確に、男性の分身を通じて彼のハートに伝えることができるのです。

フィンガーテクニックの基本は、ペニスへのアダムタッチともいうべき、〝ソフトタッチ愛撫法〟です。１５０ページの図解ではペニスの性感帯として有名な〝裏スジ〟を愛撫していますが、この愛撫法はペニス全体に有効です。触れるか触れないかの絶妙なタッチ圧に気をつけながら、隅々までサワサワしてあげましょう。思いも寄らなかったカレの弱点が発見できるかもしれません。

また、ペニスを指で優しく愛撫してあげることは、男性に「あ、弱い刺激も気持ちいいんだ」という〝気づき〟を誘発します。それは、「私のカラダも同じように優しく愛してね」というメッセージにもなるのです。男性からの強すぎる愛撫に悩んでいる女性は、自分のためにも優しいフィンガーテクニックの導入をオススメします。

その際に、ぜひとも活用してほしいのが、ドラッグストアなどで手軽に入手できる、〝マッサージ用オイル〟です。ペニスの性感にフィットした絶妙の摩擦係数を生み出します。ローションはヌルヌルしすぎるうえに後始末も大変なので、私はオススメいたしません。

さて次に〝オーラルテクニック〟ですが、技術以前のテーゼとして、「女性から男性への最高の愛情表現」という認識が重要です。そもそも技術に頼った愛情表現には限界があります。その限界を解除するのが、まさに男性に対する愛情の深さです。例えば、ペニスに〝キスの雨を降らせる〟という行為は、物理的な刺激としては超ソフトですが、「こんなにも愛されているんだ」という喜びが、男性のハートにビンビン伝わってきます。〝歯を立てない〟というフェラチオの初歩にしても、技術論としてではなく、「カレに痛い思いをさせたくない」という女性の優しい思いやりに端を発していれば、それだけで男性が受け取る気持ち良さは、何ランクもアップするのです。

女性のみなさん、正しいテクニックをマスターして、愛する男性の愛すべきペニスを、丹精込めてたっぷり可愛がってあげてください。

女性の満足度と同様に、ペニスも〝どれだけ愛を感じたか〟がキーワードです。

We Love フィンガー ペニス☆テクニック

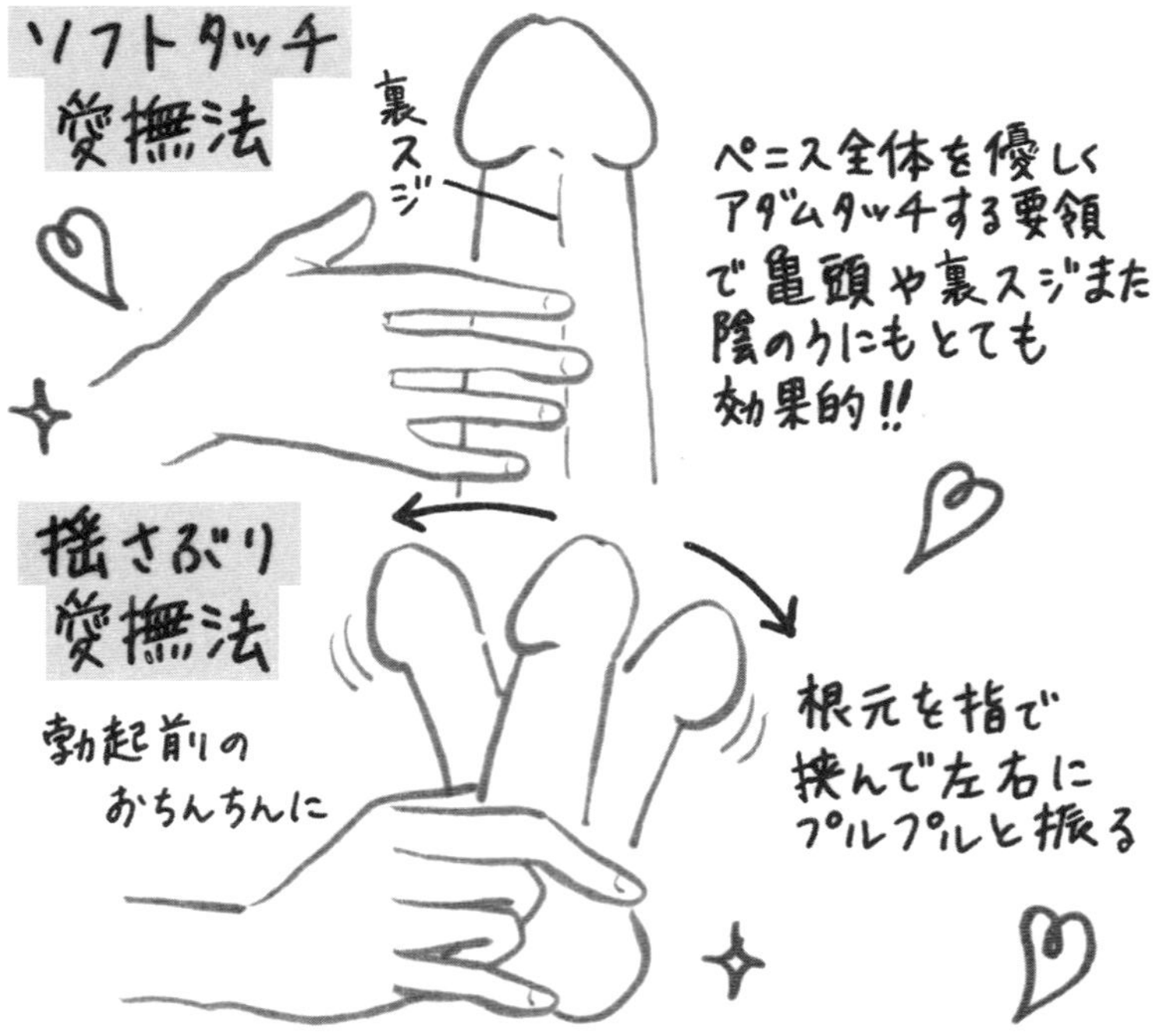
ソフトタッチ愛撫法
裏スジ
ペニス全体を優しくアダムタッチする要領で亀頭や裏スジまた陰のうにもとても効果的!!
揺さぶり愛撫法
勃起前のおちんちんに
根元を指で挟んで左右にプルプルと振る

ソフトタッチ愛撫法

いわば〝ペニスへのアダムタッチ〟とでも言うべき愛撫法で、ペニス全体に有効です。触れるか触れないかの絶妙なタッチ圧で、隅々まで愛撫してあげましょう。

揺さぶり愛撫法

勃起前の柔らかいペニスに適した愛撫法。根元を指で挟んで、プルプルと前後左右に揺さぶります。遊び感覚で楽しんでください。

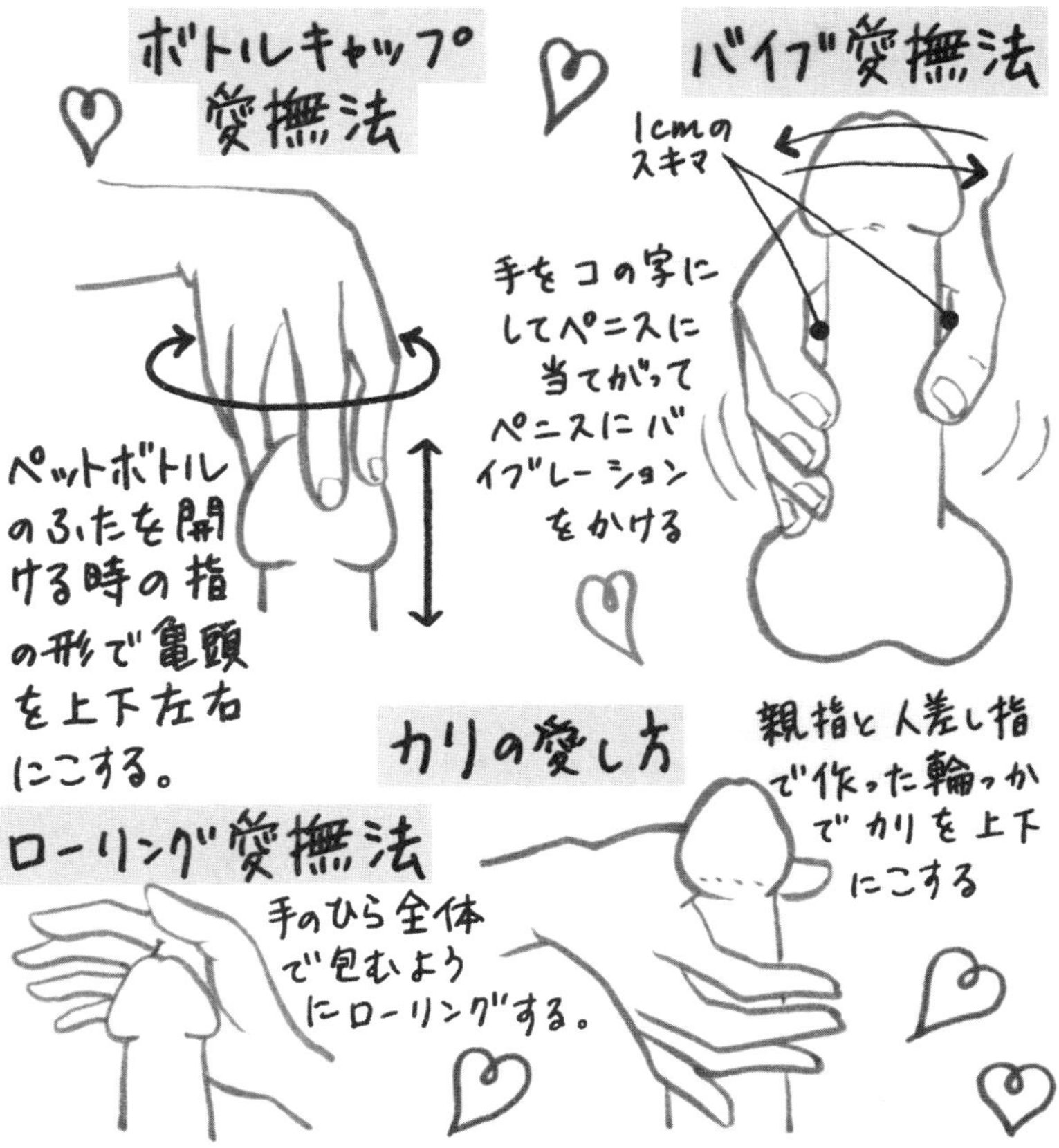
ボトルキャップ愛撫法
バイブ愛撫法
1cmのスキマ
手をコの字にしてペニスに当てがってペニスにバイブレーションをかける
ペットボトルのふたを開ける時の指の形で亀頭を上下左右にこする。
カリの愛し方
親指と人差し指で作った輪っかでカリを上下にこする
ローリング愛撫法
手のひら全体で包むようにローリングする。

バイブ愛撫法
"コの字"形にした手をペニスに添えて、左右に小刻みに揺らして、ペニスにバイブレーションをかけます。

カリの愛し方
親指と人差し指で作った輪の内側で、カリを軽く引っ掛けるようにして上下にこするテクニックです。

ボトルキャップ愛撫法
ペットボトルのキャップを開けるようなイメージで、5本の指先の指腹で、亀頭の周囲をクルクルとマッサージ！　上下にこするのも有効。

ローリング愛撫法
手のひらの中心を亀頭の先端に当て、手首をローリングさせながら手のひら全体で、亀頭全体をゆったりと擦りましょう。

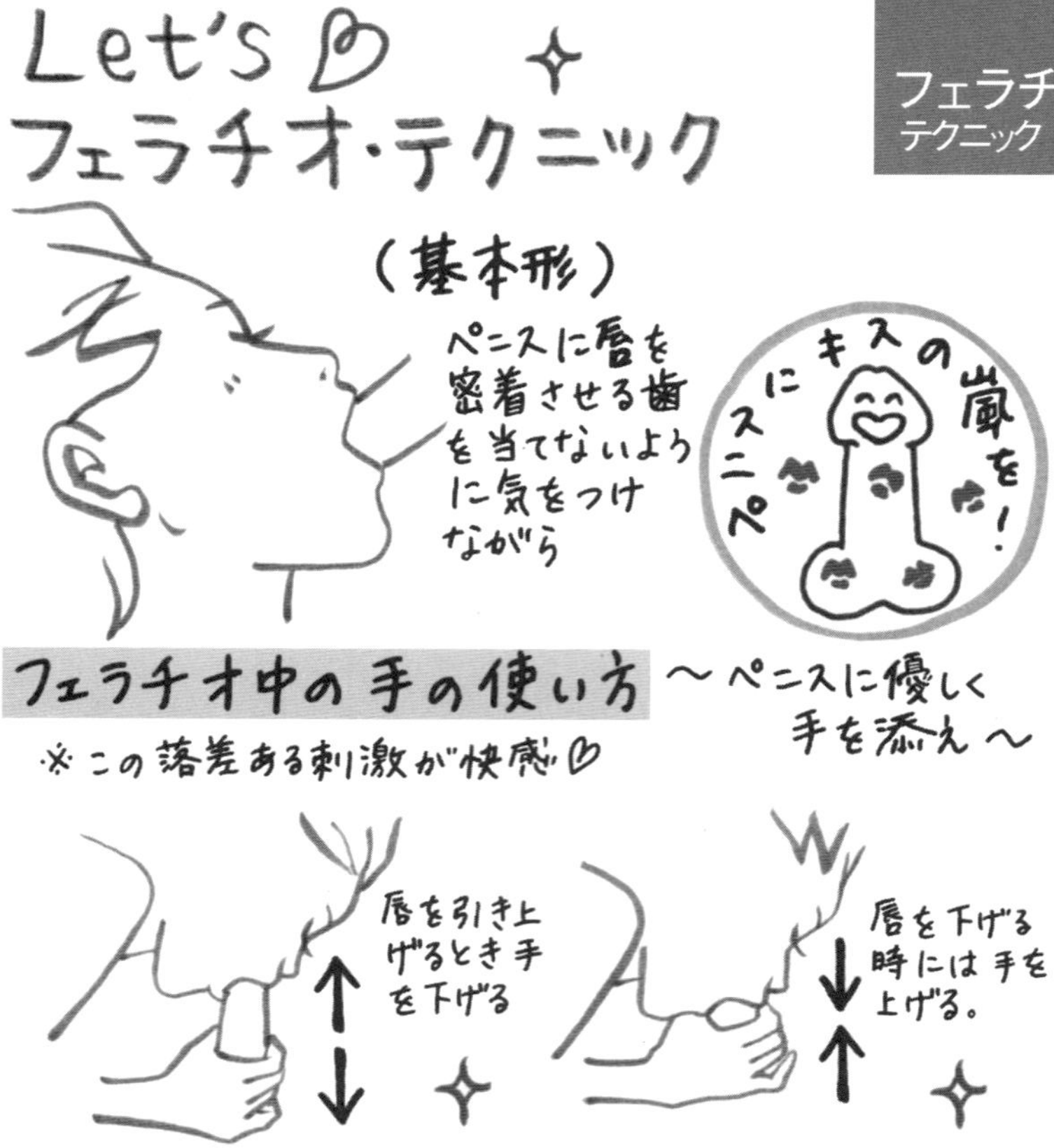
Let's ♡
フェラチオ・テクニック
（基本形）
ペニスに唇を密着させる歯を当てないように気をつけながら
ペニスにキスの嵐を！
フェラチオ中の手の使い方
～ペニスに優しく手を添え～
※この落差ある刺激が快感♡
唇を引き上げるとき手を下げる
唇を下げる時には手を上げる。

ペニスにキスの嵐を！
フェラチオの前に、ペニスにキスの雨を降らせましょう。こんな愛情表現も、男性はとても嬉しいんですよ。

フェラチオの基本
〝歯を立てない〟は初歩の初歩。くわえた後は、漠然と口を上下させるのではなく、敏感なカリの部分に唇を引っ掛けるようにしてしっかり刺激してあげましょう。

フェラチオ中の手の使い方
手の動きにアクセントをつけることで快感は倍増します。ペニスの茎に手を添え、挿入するときは手を上げて、抜くときは下げるようにしましょう。この上下の落差が、男性にはとても心地良いのです。

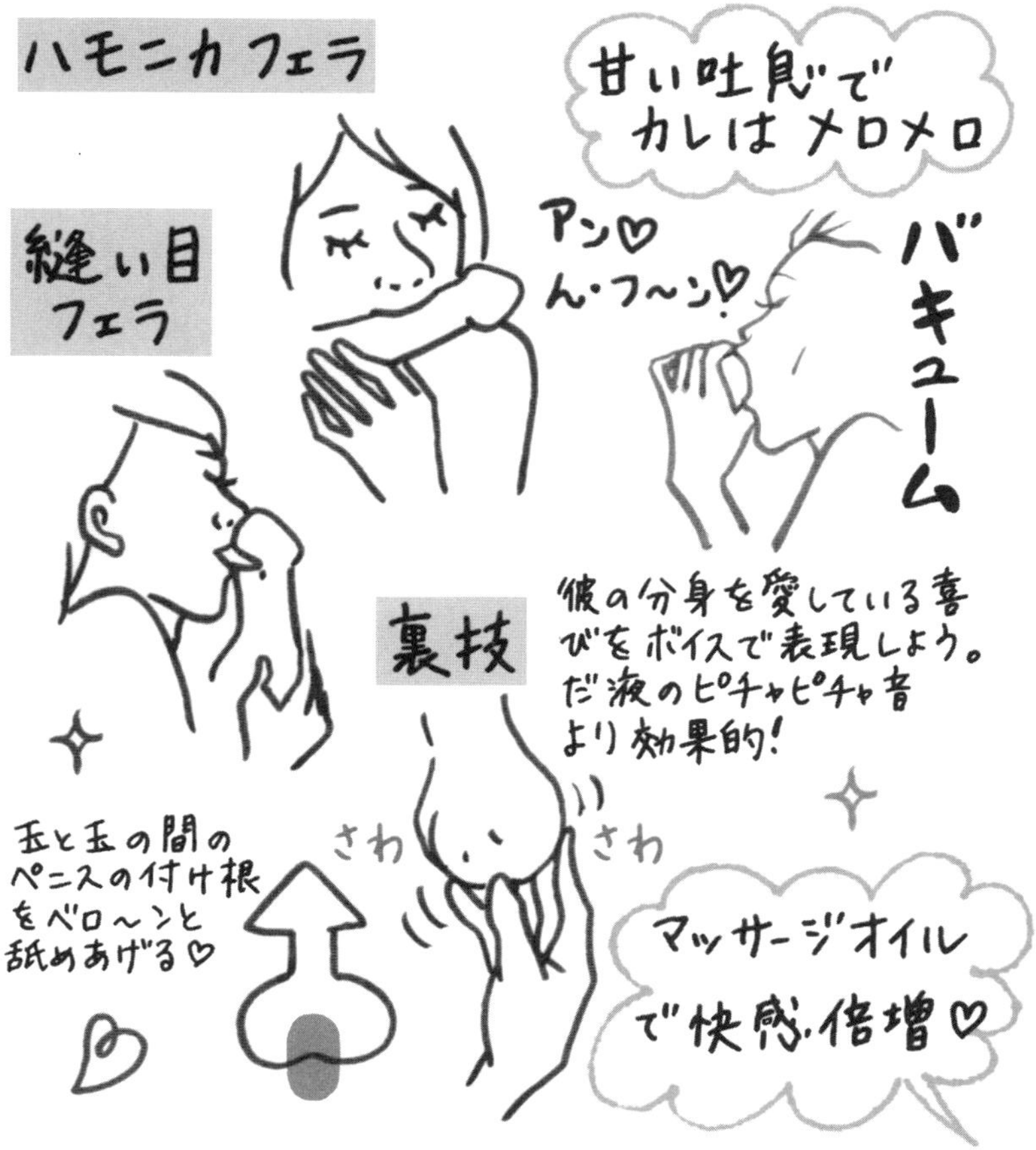
ハモニカフェラ
甘い吐息でカレはメロメロ
アン♡
ん・フ〜ン♡
バキューム
縫い目フェラ
彼の分身を愛している喜びをボイスで表現しよう。だ液のピチャピチャ音より効果的!
裏技
さわ
さわ
玉と玉の間のペニスの付け根をベロ〜ンと舐めあげる♡
マッサージオイルで快感倍増♡

バキュームフェラ
口の中が真空になるほど吸引して、舌と頬の内側の粘膜をペニス全体に密着させます。膣で締め付けているようなイメージで。

ハモニカフェラ
ペニスの側面は、横からくわえて、ハーモニカを吹くときのように、唇を左右にスライドさせて舐めましょう。

縫い目フェラ
亀頭の裏側にある〝縫い目〟と呼ばれる部分はとても敏感で、責めがいのある場所です。舌先でチロチロしてあげましょう。

裏技
フェラチオをしながら〝陰のう〟をさわさわと撫でてあげましょう。爪でカリカリも男性は大好きです。

図解 ペニスの不思議

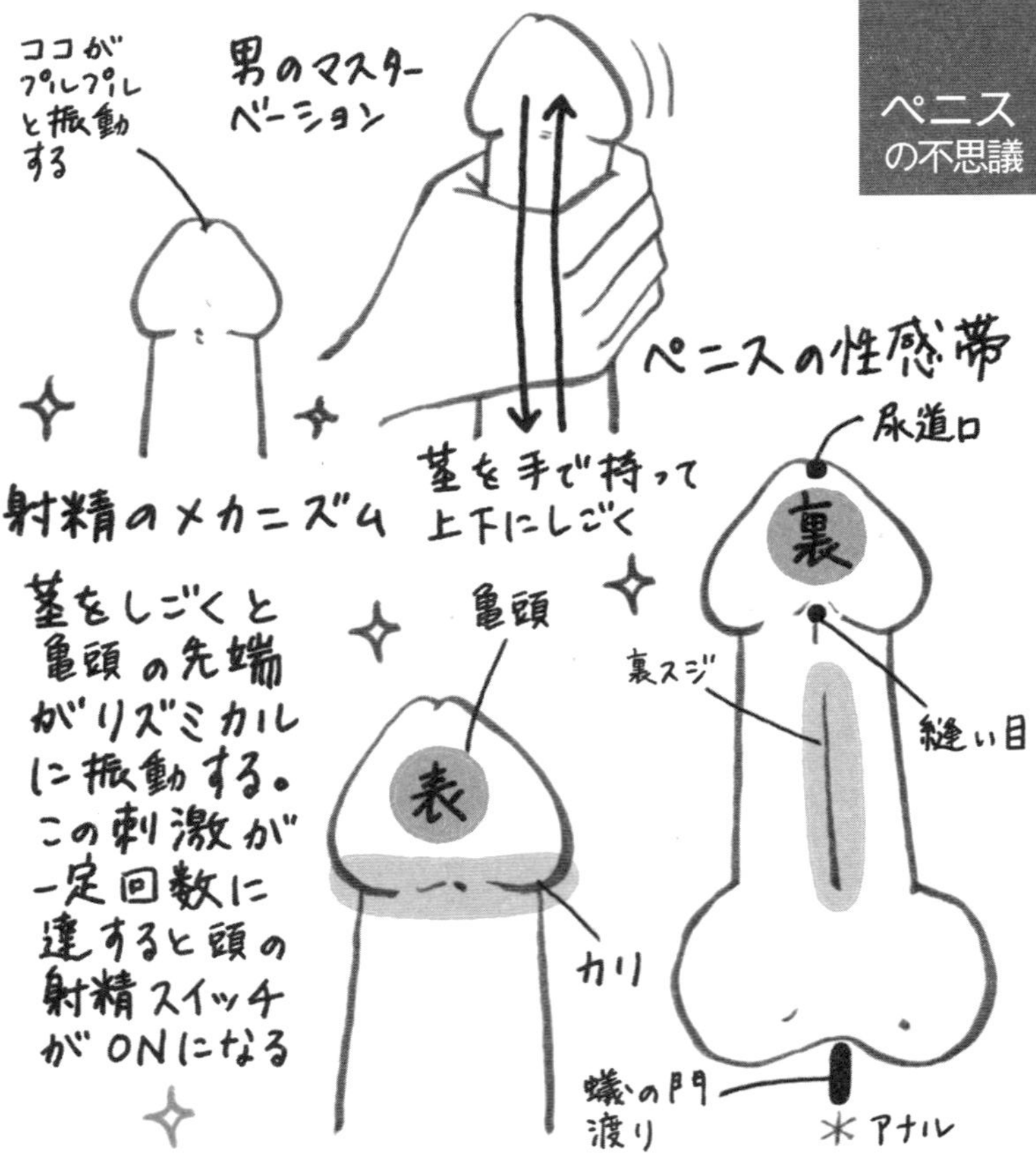
ココがプルプルと振動する
男のマスターベーション
茎を手で持って上下にしごく
射精のメカニズム
茎をしごくと亀頭の先端がリズミカルに振動する。この刺激が一定回数に達すると頭の射精スイッチがONになる
亀頭
表
カリ
ペニスの性感帯
尿道口
裏
裏スジ
縫い目
蟻の門渡り
＊アナル

ペニスの性感帯

一番敏感なのは〝亀頭〟ですが、その下側の〝カリ〟や、裏側の〝縫い目〟状の部分もとても優秀です。〝裏スジ〟や〝陰のう〟も、テクニック次第で、亀頭とはまた異なる快感を与えることができます。

射精のメカニズム

男性も意外と知らない、射精のメカニズム。ペニスの茎をしごくと、皮の上下動に連動して、ペニスの先端がリズミカルに振動します。実は、この振動が一定回数以上カウントされたとき、脳の射精スイッチがONなるのです。ポイントは、このスイッチは、快感の質や度合いとは無関係に入ってしまうこと。つまり、〝射精＝気持ち良くて大満足〟とは限らないということです。

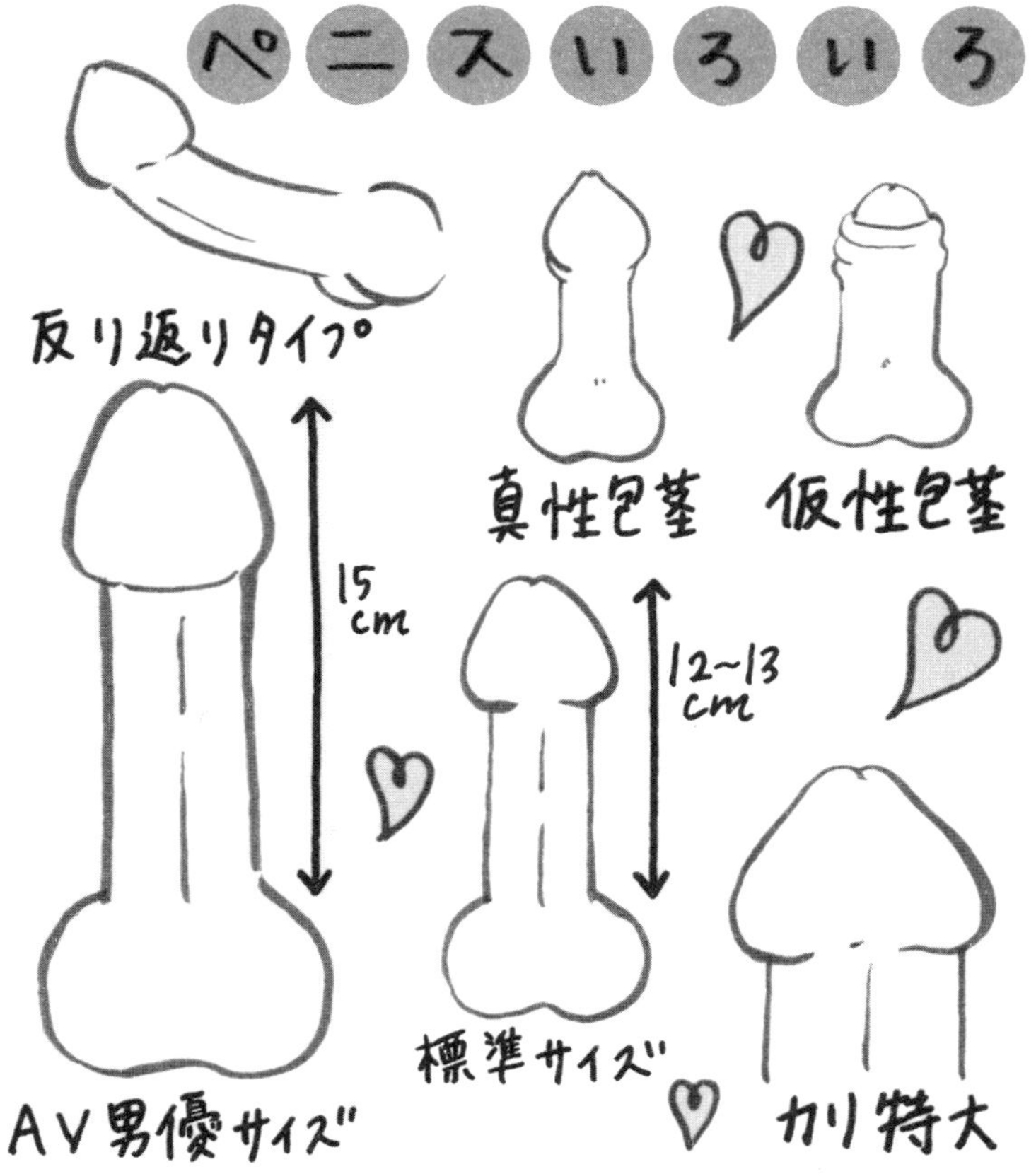

仮性包茎
日本人男性の約7割が、仮性包茎ぎみ。勃起時に皮がムケれば、心配ありません。

真性包茎
勃起しても皮がムケないのでカスや垢《あか》が溜まって不衛生。早急な手術が必要です。

カリ特大
なかには子供のコブシ大ほど亀頭が大きい男性もいます。

反り返りタイプ
少しペニスが曲がっていても問題ありません。

標準サイズ
日本人男性の勃起時のペニスの長さは、約12～13㎝が平均的です。

AV男優サイズ
大きさよりも性能が重要。

図解 女性からの愛撫の手順と姿勢

A 必ず女性のほうからキスしてあげよう

B 男性の乳首を手と口で愛撫する

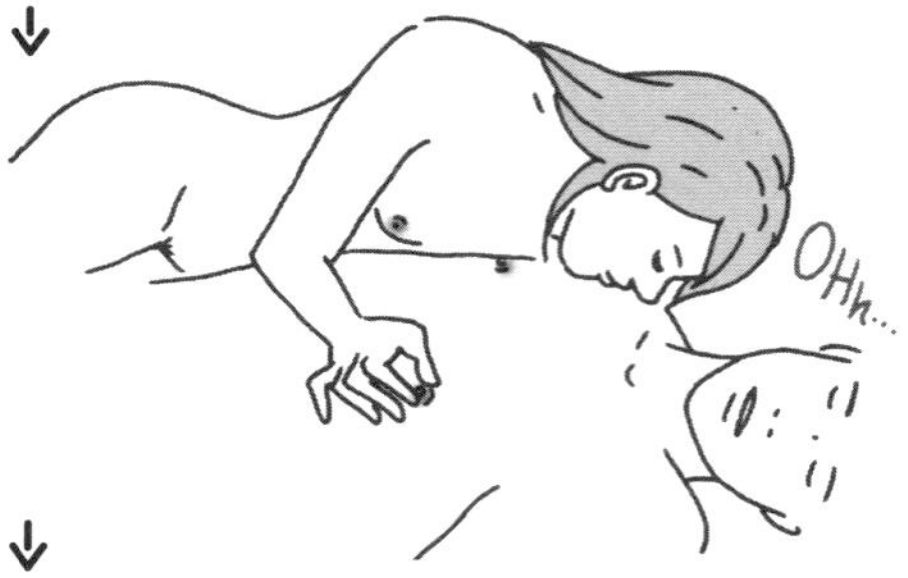

C サイドポジションからのカリ舐め

A 必ず女性のほうからキスしてあげよう

女性から男性を責める場合は、女性が体勢を上にして、主導権が完全に彼女側に移って攻守交替したことを男性に示しましょう。そしてキスは必ず女性から。

B 男性の乳首を手と口で愛撫する

男性の肩やうなじ、そして乳首からわき腹へと、手と口で愛撫しながら、ゆっくりと男性の下半身方向に移動して、サイドポジションへ移行していきます。

C サイドポジションからのカリ舐め

ペニスは目の前にありますが、まだくわえてはいけません。「ア～ン」とエロティックな吐息をもらしながら、亀頭やカリなどをペロペロと舐めましょう。

D

一度首まで戻って じらしましょう

さぁいよいよと見せかけて、ペニスを指で愛撫しながら、Bとは逆の手順で、攻めながらAの位置まで戻り、カレにキス。このじらしが後で効くんです。

E

センターポジションで フィンガー愛撫を

再度、男性の下半身に戻り、今度は男性の股の間に座ってセンターポジションに。ここでも、じらしは継続中。太ももや、脚の付け根など周辺を愛撫します。

F

満を持して いよいよパクッと！

陰のうや裏スジを、たっぷり舌で愛した後、パクッと温かいお口で包み込んであげましょう。すぐにくわえるフェラとは、男性の感激度が格段に違いますよ。

D 一度首まで戻ってじらしましょう

↓

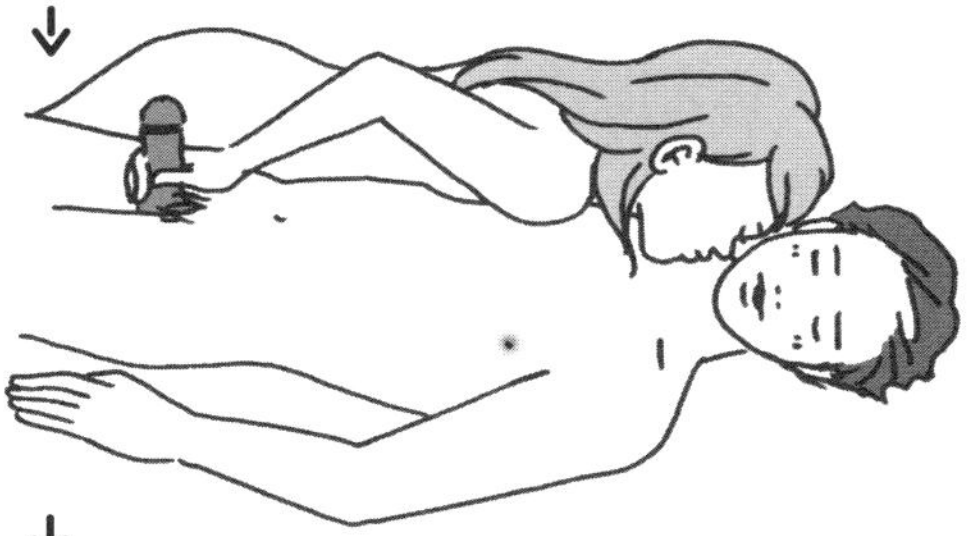

↓

E センターポジションでフィンガー愛撫を

↓

↓

F 満を持していよいよパクッと!

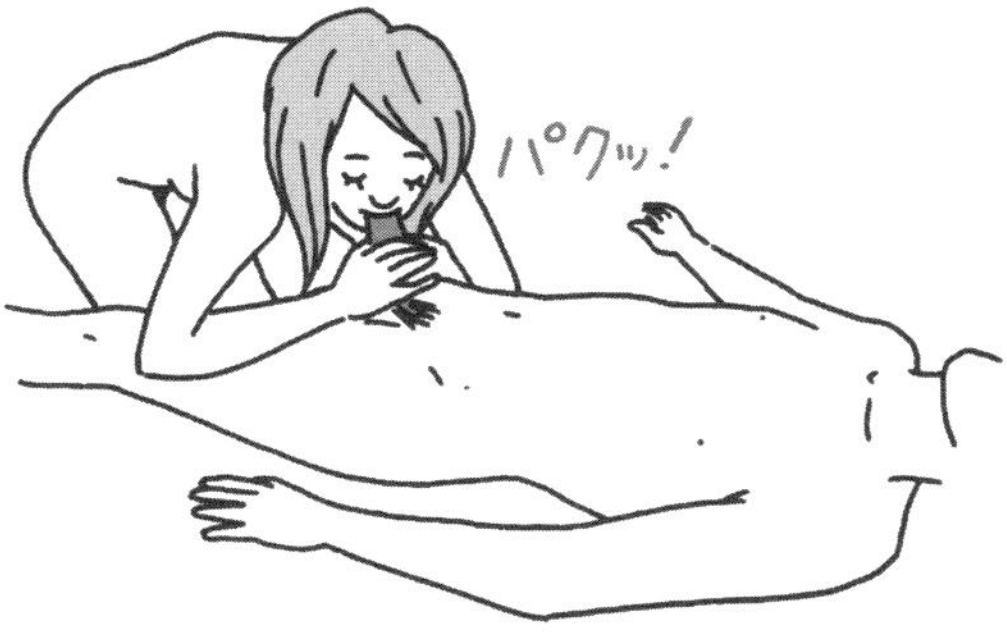

感じるカラダの作り方

〝腰を動かすマスターベーション〟で敏感ボディに変身！
男性は感じやすい女性に夢中になる習性を持っています。
カレからもっと愛されるためには、自主トレも大切です。

当たり前の話ですが、女性が気持ちいいセックスをするためには、感じやすいカラダであることが大切です。本書では、女性の性メカニズムを考慮した愛撫テクニックや、女性心理を理解した心構えなど、主に男性に向けてのＨＯＷ ＴＯを指南してきました。女性のカラダを感じやすい体質に変えていくには、つまりそれは性感脳を開くということですが、そのためには、男性側の性の知識を含めたセックススキルが非常に重要だからです。

しかし女性側も、ただ素敵な男性が現れるのを待っているだけではいけません。セックスで女性を気持ち良くさせてあげるのは男性の使命ですが、同時に男性は、感じやすい女性に夢中になる生き物なのです。そして、実は、女性自身が自分で感じやすいカラダ作りをすることは可能なのです。

そこで、感度アップを目指す女性にぜひとも日常的に親しんでほしいのが、〝腰を動かすマスターベーション〟です。一般的なマスターベーションは手を動かしてクリトリスを愛撫しますが、それとは正反対に手のほうを固定して、腰を動かしてクリトリスを刺激するのです。〝腰を動かす〟というのがミソで、このときに動く「腰椎《ようつい》の2番3番」の骨は、騎乗位のとき、女性が腰を前後左右に振ると動く部分と同じで、動かせば動かすほどに、どんどん新たな性エネルギーを造成してくれるのです。性エネルギーの増大によって、刺激を快感に転換する〝性感脳〟が活性化し、感じやすい体質に変化していくというわけです。

実際に行う場合のポイントは、スローセックスを楽しむメソッドと同様に、イクことにこだわらずに、ゆったりと時間をかけて淡い快感を味わい尽くすこと。そして、少し顎《あご》を上げて、鼻で大きく息を吸って、口から息を吐くときに、「ア〜ン」と喘《あえ》ぎ声を意識的に出してみてください。気持ちいいセックスと同じ状態を再現することで、性感脳は活性化するのです。

図解 マスターベーションのしかた

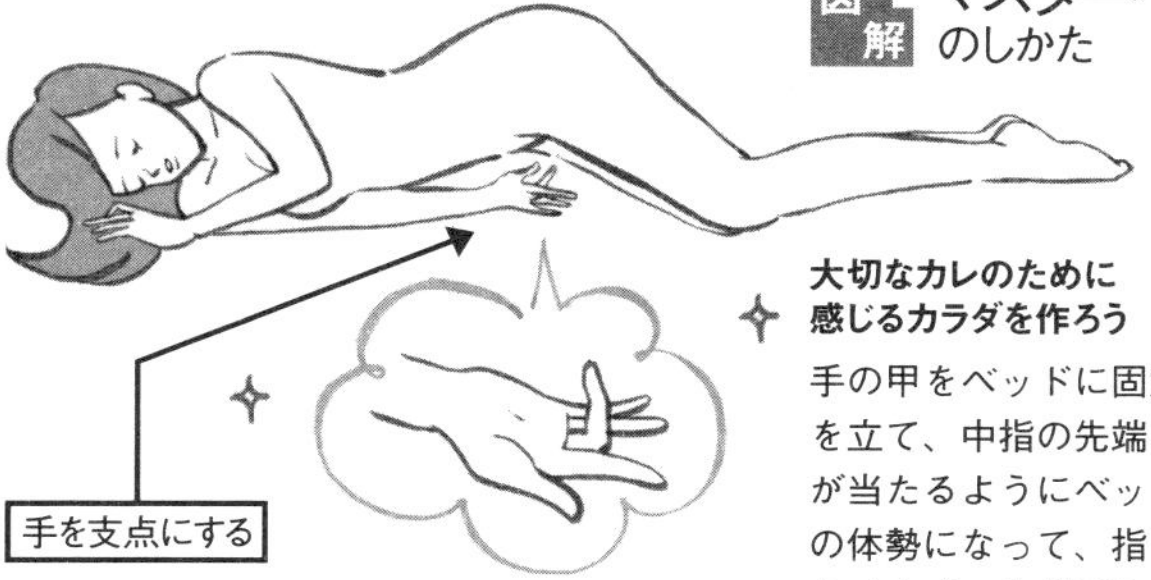

大切なカレのために感じるカラダを作ろう

手の甲をベッドに固定して、中指を立て、中指の先端にクリトリスが当たるようにベッドにうつぶせの体勢になって、指ではなく腰をクイクイッとリズミカルに動かしてクリトリスを刺激します。

Durex Sexual Wellbeing Global Survey 2007

自分のセックスライフに満足していますか?

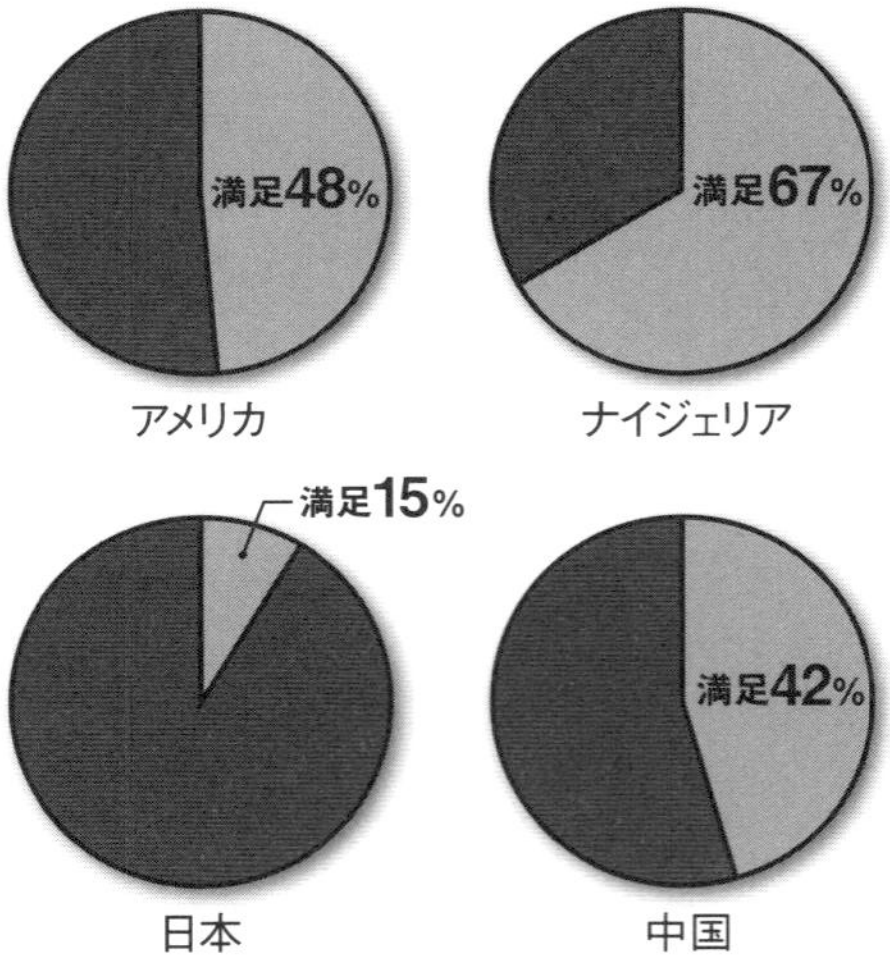
満足48%
アメリカ
満足67%
ナイジェリア
満足15%
日本
満足42%
中国

▶ 傾向と対策

回数だけを競ってもしようがない。日本がたとえ年間48回だとしても、みんなが満足しているなら、いいとも言える。しかし、これを見てほしい。「セックスに満足している国ランキング」でもぶっちぎりの最下位なのだ。巷に質の低い性が乱れ飛ぶ現状は、セックスで愛を表現することが苦手な国民の、不満の現れなのかも。

第五章

早漏克服

早漏は克服できる

スローセックスにおいて早漏の克服は、男の責務です。
私、アダム徳永も、10年前までは超早漏でした。
私自身が効果を保証する早漏克服トレーニング法を紹介します！

どれほどセックスを楽しむための知識と技術を手に入れたとしても、肝心のペニスに持久力がなければ、スローセックスの醍醐味である長時間交接を満喫することはできません。早い射精を避けようと、恐る恐る動かすような腰使いでは、もしもそれで長持ちしたとしても、ゆったりと時間をかけてペニスとヴァギナの触れ合いを楽しむスローセックスの交接とは似ても似つかぬものになってしまいます。早漏の克服、さらには射精のコントロールは男性の責務と言えるでしょう。

長持ちさせたいと思わない男性はいないと思います。でも、その思いとは裏腹に、「射精のコントロールは無理」と諦めてしまっている男性がなんと多いことか。その最大の原因は、これほど医学が進歩した現在に至っても、これまで日本に、いえ世界を見渡しても、根本的に早漏が克服できるトレーニング法について、しっかり書かれた書物が存在しなかったことです。

私は、自分の性理論をさらに進化させるべく、性医学系の学会にたびたび出席します。しかし、少なくとも私自身は、これまで一度も早漏に関する報告を聞いたことはありません。病気を治すことが仕事の彼らにとって、早漏は病気ではないからです。確固たる早漏の定義もなければ、誰一人として早漏を研究テーマにしていない。これが現実です。それはつまり、早漏に悩む一般男性の早漏克服術は、睾丸をお湯と冷水に交互につける〝金冷法〟や、イキそうになったら〝畳の目を数える〟といった、なんら科学的根拠のない「都市伝説」レベルで、何十年も前から止まっているということです。

男性のみなさん、諦めないでください。大丈夫、早漏は必ず克服できます。

みなさんに勇気を持っていただくために、私自身の恥ずかしい話を告白しましょう。今から約10年前の話です。今となっては誰も信じてくれませんが、その頃の私は、実は超の付く早漏でした。当時はすでに結婚していましたが、妻からセックスのたびに失笑されるほどです。自分なりに早漏克服のための努力もしてきました。それでもまったく改善の余地が見られませんでした。思い余って、ペニスの神経を切断してもらおうと、本気である大学病院を訪ね、担当医師から「バカなマネはやめなさい」と諭されたこともあります。それぐらい悩み、そして半ば諦めかけていました。いえ、諦めていました。そんな折、ある女性と知り合って、セックスをする関係になったのですが、その女性とのセックスに限って、私は生まれて初めて長持ちを経験したのです。淡白なセックスではありません。彼女はとても情熱的な女性で、過去に経験したどの女性よりも濃厚で大胆で、私も相当に興奮していました。それまでなら挿入した途端に発射してもいいはずの私のペニスが、自分でも信じられないくらい頑張れるのです。私は、自分の中で何かが変わったんだと思いました。何かのきっかけで奇跡的に体質が改善されたのではないかと。そして、次の日、それを確かめるべく意気揚々と妻とセックスしたのですが、結果は……いつもどおり。何が違うのか？　私はその日から真剣に考えました。そして、彼女と妻のある違いに気がついたのです。それは〝キスの時間〟でした。実は妻はキスが苦手で、セックスの時、ほとんど唇を重ねません。対して不倫相手の女性は、キスが大好きで、挿入している最中もずっとキスを求めてくるのです。私は、さらに二人の女性のセックスの時の違いを考えました。妻とセックスする時は、すぐに下腹部に、とても熱い〝何か〟がこみ上げてきてアッと言う間に射精してしまうのに対して、彼女の時は、全身が平均して温かくなるような感じなのです。この時です。スキンとスキンの摩擦だけではない〝何か〟が、ペニスの持久力に関係しているのではないか？　と思ったのは。そして私はある仮説を立てるに至りました。それは、「今までペニス周辺に集中していた〝何か〟を、意識的に全身に分散させることができれば、射精をコントロールできるのではないか」というものです。

その後、私は理解ある妻の了解を得て、自分が立てた仮説を実証するために、いろいろな女性と検証を重ねていきました。そして、自分の仮説が正しかったことを、身をもって証明することに成功したのです。結果的に、この体験が、今の私の出発点となりました。

そして、その頃、私自身が自分の早漏を克服するために、気功術やヨーガのエッセンスを加味して、独自に開発したのが、これから紹介する早漏克服トレーニング法なのです。

早漏克服トレーニング法は、大きく分けて、ペニス強化愛撫法と呼吸法の2つの要素で成り立っています。まずは、マスターベーションの時に、このトレーニングを実践してみてください。必ず効果のあることを、元超早漏の私が保証します。それでも、1日や2日ですぐに効果が出るというほど、早漏克服は生易しいものではありません。早い人でも半月、場合によっては半年以上継続してやっと効果が表れるケースもあります。肝心なのは、諦めないで続けることです。

もちろん、このトレーニングは男性ひとりでこっそりと行うこともできますが、私からのアドバイスは、女性に手伝ってもらうということです。早漏は男性にとって大きなコンプレックスです。女性に知られたくない気持ちはわかります。けれども、もしあなたが早漏だとしたら、あなたがセックスのたびにどんな言い訳をしていようとも、女性はわかっているものです。女性はあなたを傷つけないように、知らないふりをしているだけだと思ったほうがいいでしょう。

変に自分ひとりで悩まないで、さっさとカミングアウトしてしまいましょう。

早漏というコンプレックスとプレッシャーを抱えたままのセックスで、本当に気持ち良くなれるはずなどありません。女性に告白して、まずはプレッシャーから心を解放させてあげてください。気持ちを楽にさせてから、どっしりと腰をすえて、コンプレックスに立ち向かえばいいのです。二人の間にタブーや隠し事がなくなることで、愛がいっそう深まるという副産物も生まれることでしょう。

〝恥は一時、早漏は一生の恥〟ですよ。

ペニスを強化しよう

ペニス強化の目的は、亀頭を単なる〝射精のスイッチ〟から、〝感じることを楽しむ装置〟にグレードアップさせること！ 亀頭メインの愛撫で、発射までに最低15分は時間をかけよう。

早漏克服にあたって〝ペニスの強化〟は必須科目です。具体的には、ペニスでもっとも敏感な部分である〝亀頭の強化〟が必要なのですが、というと、ペニスを〝摩擦〟という物理的な刺激に慣れさせ、ペニスの感受性を〝鈍化〟させることで長持ちさせるトレーニングのように受け止められがちですが、それは大きな誤解です。男性も女性も気持ちいいセックスをするために、男性の分身ともいえるペニスの感度を鈍感にさせるなんて本末転倒もいいところです。ここで紹介するトレーニングの目的は、亀頭を、これまでの〝射精のスイッチ〟から、〝感じることを楽しむ装置〟へシフトチェンジさせていくことなのです。

今回は、もっともペニスの強化に効果的な、〝ロール亀頭愛撫法〟と、〝指しぼり亀頭愛撫法〟の2種類のマスターベーション法を紹介します。読んで字のごとく、どちらもポイントは、亀頭をメインにした愛撫法であるということ。

一般男性の多くが、それが普通だと思っている、〝亀頭も、茎も、皮も全部いっしょくたにゴシゴシしごく〟という即物的で動物的なやり方は、まさに「亀頭＝射精のスイッチ」という発想にどっぷり浸かったペニス愛撫法なのです。

そしてマスターベーションにかける時間もとても大切です。イクためだけにペニスを激しくしごいて、イキたくなったら、それが2分でも3分でも構わず発射する、という方法は、本当に早漏を克服したいのなら、今日から廃止してください。最低でも15分以上はかけて、ゆったりとした気持ちで、ペニスの快感を楽しむことが何よりも大切なのです。

また、射精のコントロールには呼吸法も必須科目です。タントラ・ヨガを応用した呼吸法をマスターすることで、副交感神経を優位に立たせ、興奮を抑制することができるようになります。

やり方はとてもシンプルです。

①後頭部に肺があり、お尻の穴から吸いあげた空気を背骨の管を通して、後頭部にある肺に吸い上げるイメージで、鼻から一気に息を吸い込む（1秒以内で）。

②鼻からゆっくり息を吐き出す（約7秒が目安）。

③お尻の穴を「キュッキュッキュ」と10回しめる。

④イキそうになるたびに繰り返す。

ただ、これだけです。息を吸う時のイメージが最初は掴みづらいかもしれませんが何度も練習してコツをつかんでください。ペニスが〝感じるを楽しむ〟ことが自然にできるようになると、マスターベーションもセックスも、いつでも大爆発を起こせるようになります。

ペニスの強化 How to マスターベーション!

ロール亀頭愛撫法

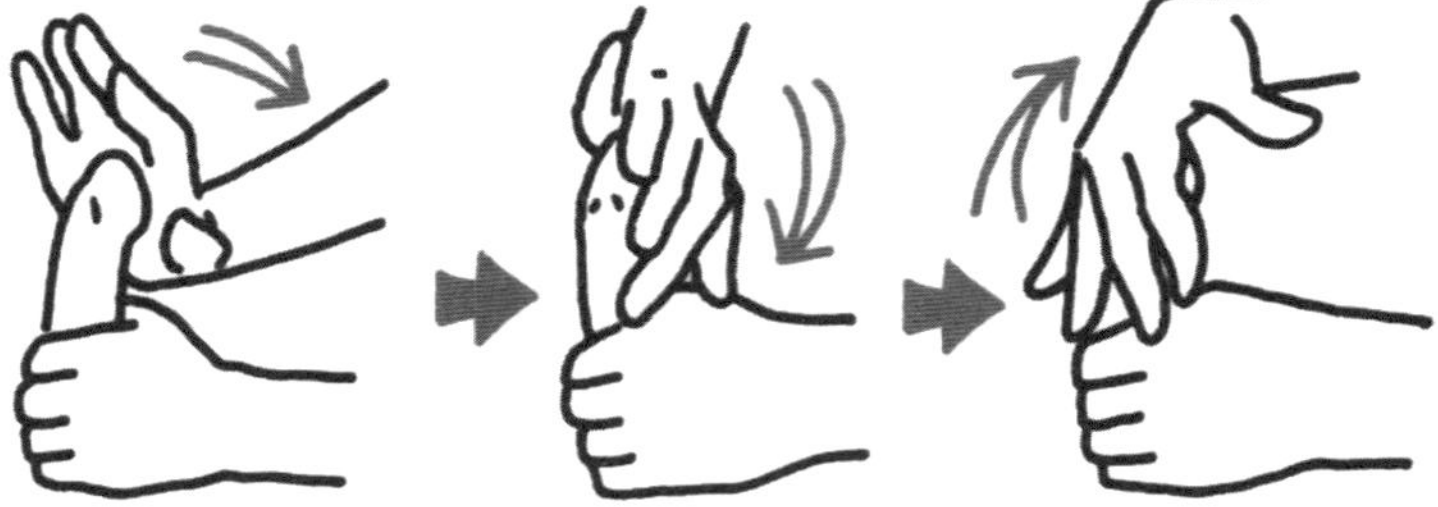

指しぼり亀頭愛撫法

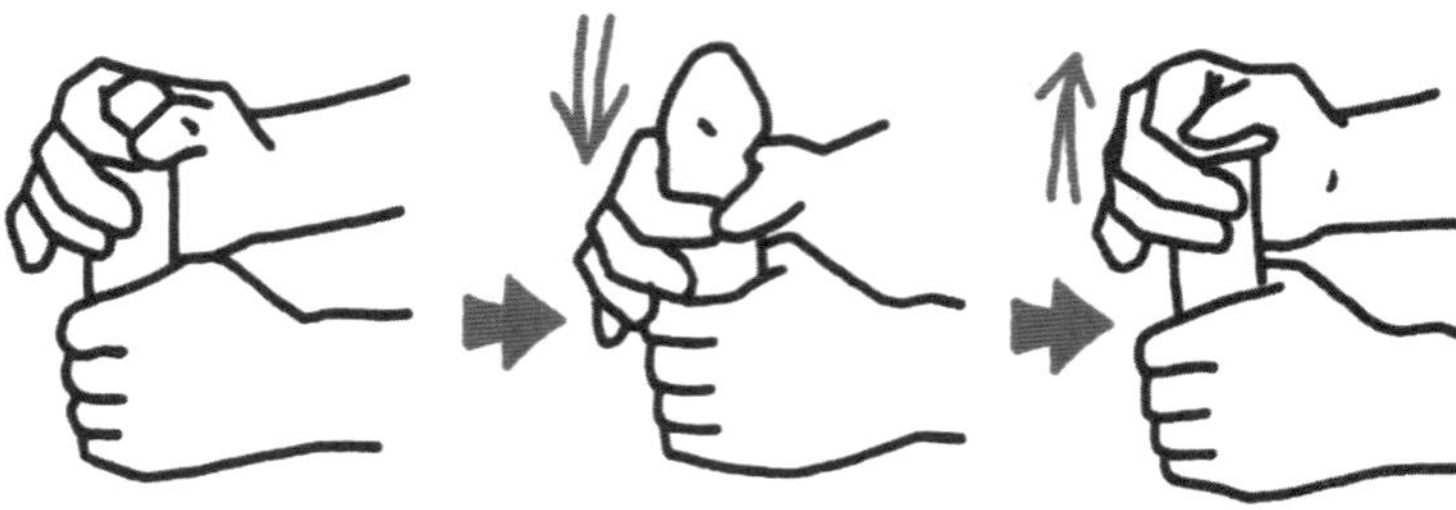

ロール亀頭愛撫法

手のひら全体で亀頭を愛撫する方法です。

1、マッサージ用オイルを亀頭に馴染ませる。

2、手のひらの中央部を亀頭に当てる。

3、手のひらを亀頭から離さずに、手首をローリングさせて亀頭全体を愛撫する。

指しぼり亀頭愛撫法

親指と人差し指で作った輪で、カリに重点を置いて亀頭を愛撫する方法です。

1、ロール亀頭愛撫法と同じ。

2、指の輪の内側で亀頭を上から下にこする。

3、皮が亀頭に被らないように左手で根元を押さえ、指を絞るように亀頭の先端まで丁寧にこする。

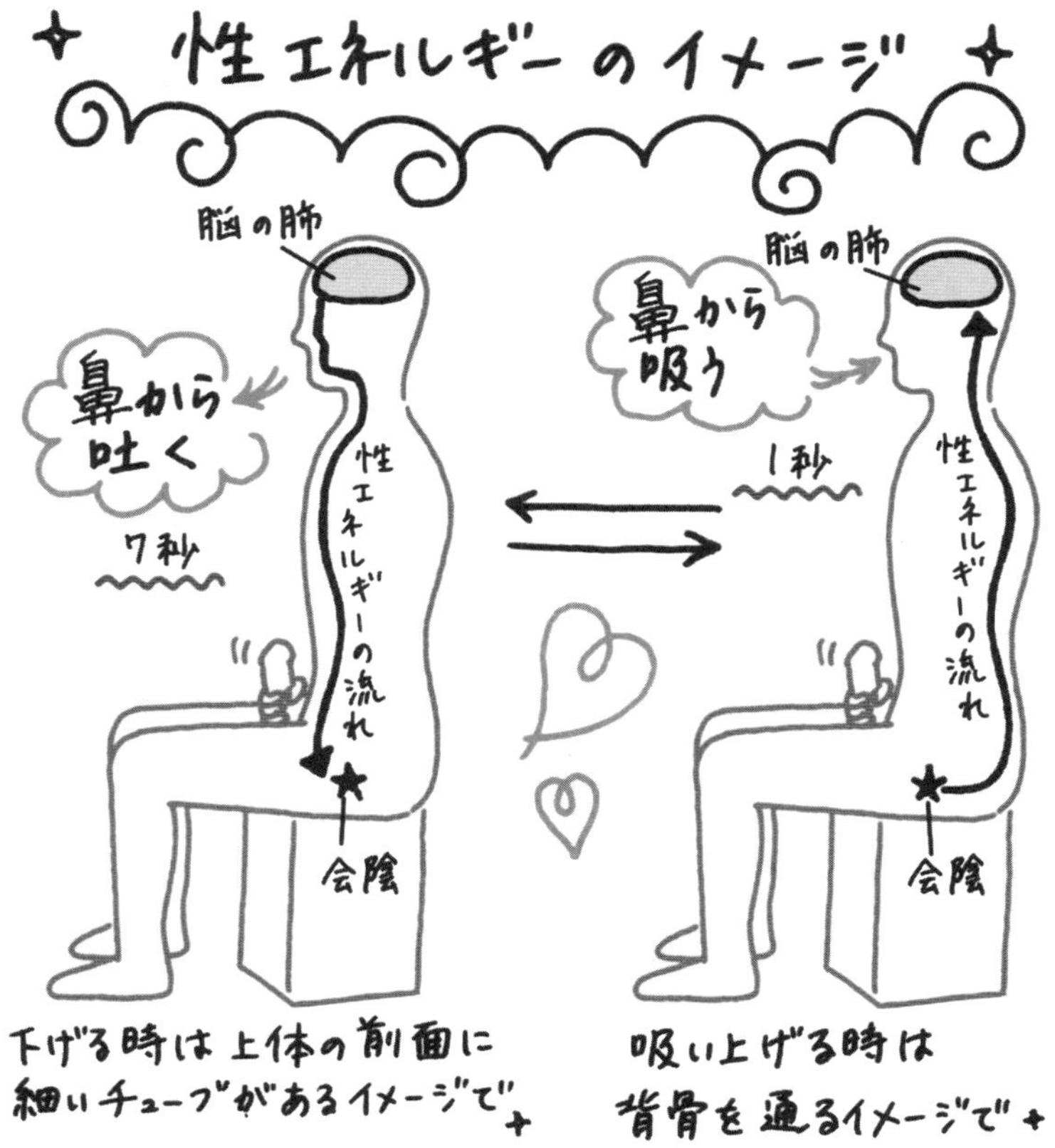
性エネルギーのイメージ
脳の肺
鼻から吐く
7秒
性エネルギーの流れ
会陰
脳の肺
鼻から吸う
1秒
性エネルギーの流れ
会陰
下げる時は上体の前面に細いチューブがあるイメージで
吸い上げる時は背骨を通るイメージで

性エネルギーのイメージ
息を吸うときには交感神経が優位に立ち、吐くときに副交感神経が優位に立ちます。射精を促進する交感神経が優位に立つ時間を短くするために、息を一気に吸い込むことが大切。吸うときは、会陰から背骨を通って脳に性エネルギーが上がり、吐くときは、脳からカラダの前面を伝って会陰に性エネルギーが下りるイメージで。
背筋を伸ばして顎を軽く引いた姿勢が、もっとも脳に性エネルギーが上がりやすいので、椅子などに座ってマスターベーションをしてください。

㊙呼吸法で〝イク気〟を散らす

呼吸法とイメージ法で射精はコントロールできる！
男性と女性のカラダに性エネルギーを循環させて、
今まで味わったことのない超大爆発を体感してください。

セックスの醍醐味は性エネルギーの交流にあるとは、前述してきたとおりですが、早漏克服の最大のキーワードもまた性エネルギーなのです。実は、射精の直前に下腹部にこみ上げてくる〝熱い何か〟の正体こそ性エネルギー。気持ちいいセックスをするためにはぜひとも増幅させたい性エネルギーが、下腹部という小さな容器にいっぱいになってしまい、長持ちさせたいという男性の意思に反して、勝手に容器から溢れ出してしまうのが早漏なのです。容器が小さいのですから、増幅も不十分。得てして、〝早い・気持ち良くない・女性を満足させられない〟の三重苦を生み出すのです。

ここまでメカニズムが判明すれば、後は、下腹部に集中した性エネルギーをいかに分散させるかがポイントであるということは、おのずと導き出されてきますよね。

前項では、マスターベーション時の、ペニスの強化と呼吸法に言及しました。男性の自主トレですね。しかし、どんなに自主トレを積んでも、本番の試合で結果が残せないのでは意味がありませません。そこで本項では、自主トレの呼吸法を発展させ、ただ性エネルギーを分散させるだけではなく、性エネルギーをコントロールし、さらに性エネルギーを増幅させる交接の方法を伝授したいと思います。

まず交接は、〝対面上体立位〟で始めてください。第三章（130ページ）でも触れましたが、男性の上体が直立するこの体位は、射精を促進する交感神経と、射精を抑制する副交感神経がニュートラルな関係になるため、上体を前傾させた一般的な正常位よりも、はるかにペニスが長持ちするようになります。実践していただければ、ほんのわずかな体位の工夫だけで、「こんなにも違うものか！」と実感されることでしょう。

さてここからです。前項で学んだ「1秒で吸って7秒で吐く」呼吸法は、イク気の緊急回避的なものです。交接の時は、お尻の穴から頭の肺に空気を吸い上げるイメージを残しながら、さらにもうひとつのイメージを追加させていただきたいのです。そのイメージが、息を吸いながら、「女性の性エネルギーをペニスで吸い上げる」というものです。そして吐く時は、「自分（男性）の性エネルギーを女性のカラダに送り込む」イメージを持ってください。この呼吸法とイメージによって、男性と女性のカラダに性エネルギーの循環が起こります。わかりやすく言えば、性エネルギーが溜まる容器が、それまでは男性の下腹部だけだったのが、男性と女性のカラダいっぱいの大きさに広がるということです。このとこで、性エネルギーの爆発現象である射精を遅らせることができるうえに、これまで経験したことのない超大爆発をもたらすのです。

図解 ㊙呼吸法で〝イク気〟を散らす

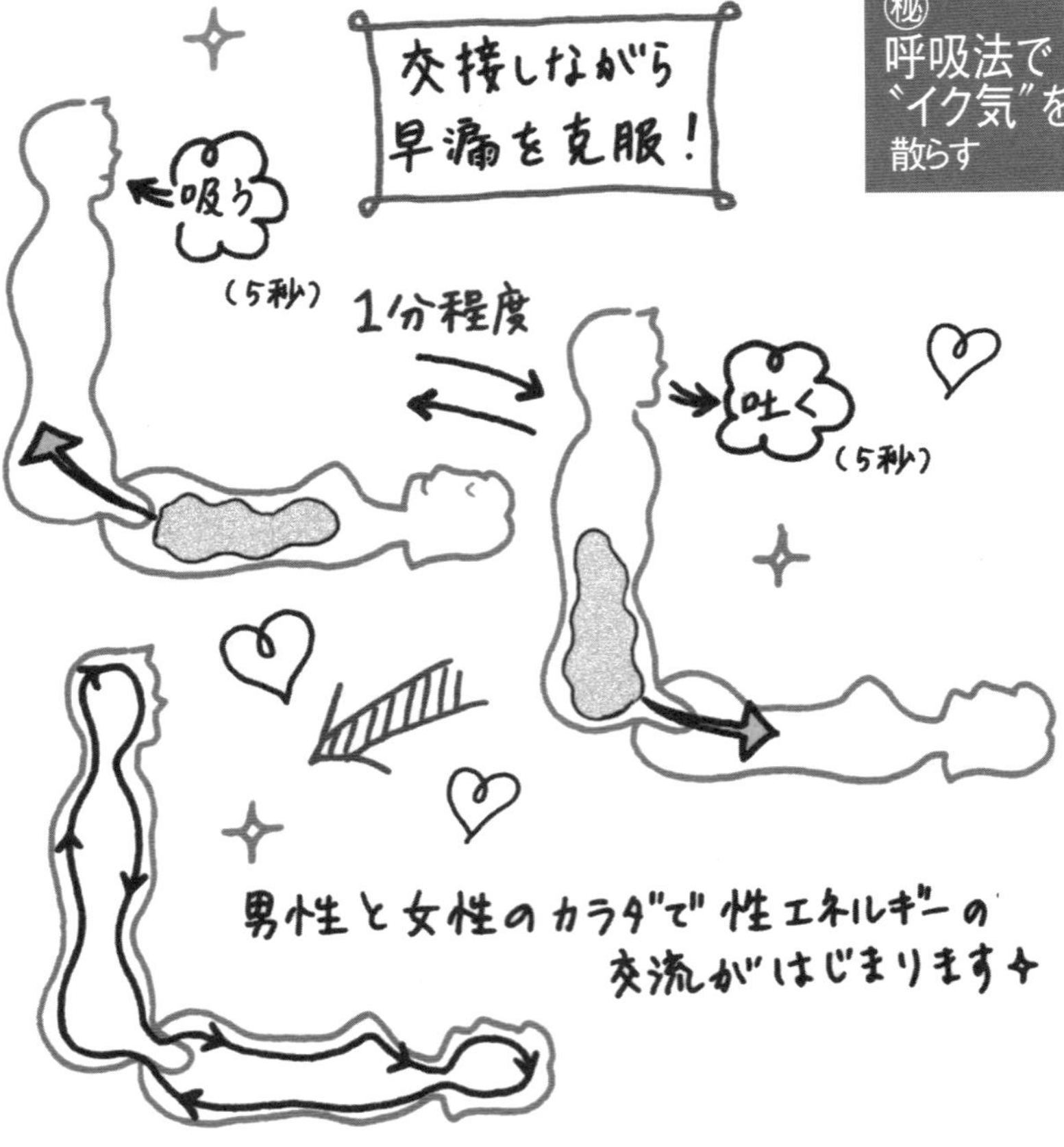
交接しながら早漏を克服！
吸う
(5秒)
1分程度
吐く
(5秒)
男性と女性のカラダで性エネルギーの交流がはじまります

交接しながら早漏克服

169ページで学習した、性エネルギーをカラダに循環させるトレーニングは、交接に応用することができます。5秒間で息を吸う時に、ペニスから女性の性エネルギーを吸引し、5秒間で息を吐く時に、自分の性エネルギーを女性の膣に送り込む意識で交接してください。イメージがとても大切で、私の場合は、性エネルギーを〝女性の上体に充満している煙のようなもの〟とイメージして行いました。1分程度を目安に続けてください。

女性のサポートで効果倍増

女性の協力を得て、呼吸を合わせて、男性とは逆の流れをイメージしてもらうと、トレーニング効果が倍増します。愛の力で早漏を克服してください！

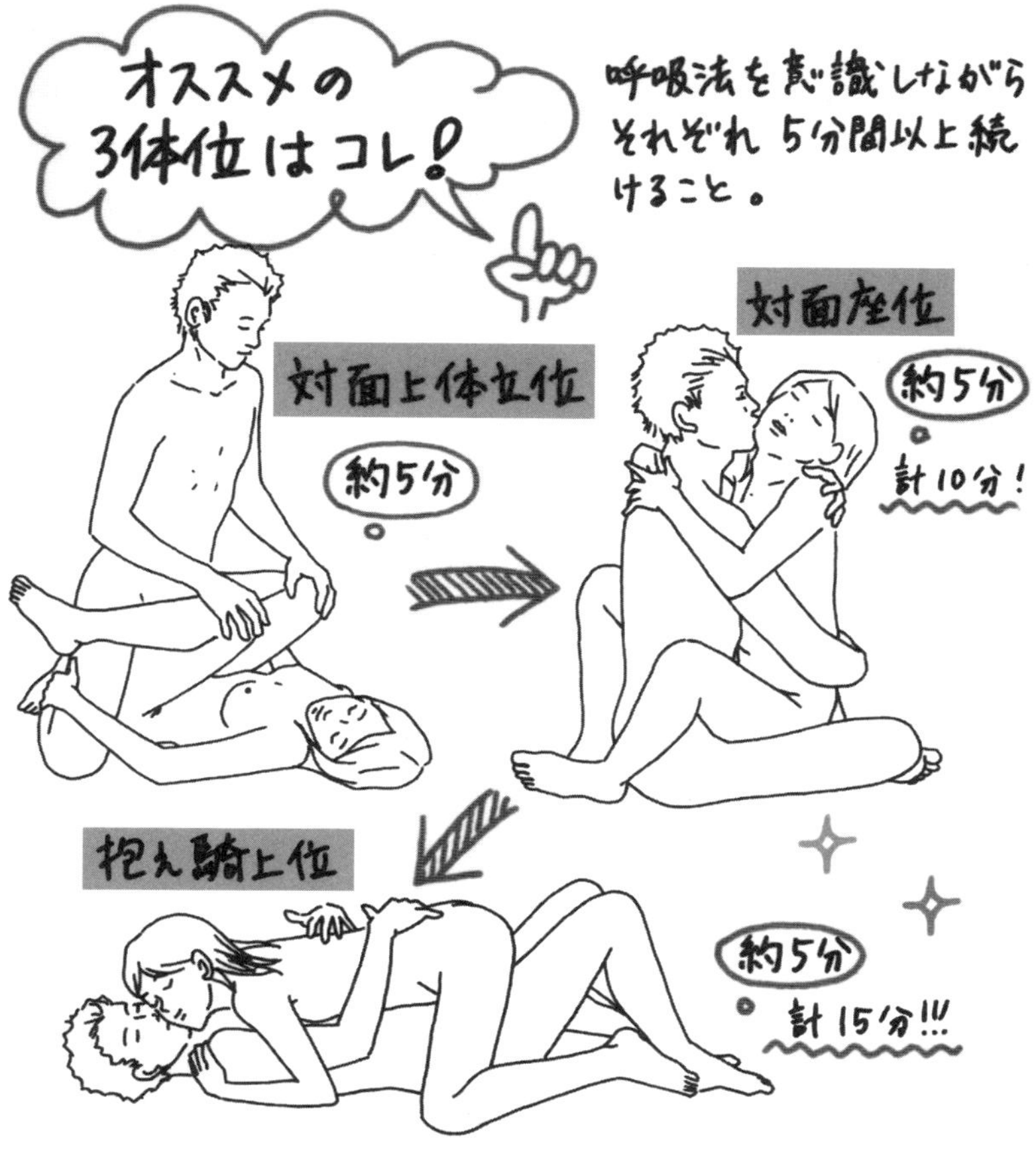

オススメの3体位はコレ!
呼吸法を意識しながらそれぞれ5分間以上続けること。
対面上体立位
約5分
対面座位
約5分
計10分!
抱え騎上位
約5分
計15分!!!

オススメの3体位はコレ!

交接のスタートは、一般的な正常位から男性が上体を垂直に起こした姿勢をとる〝対面上体立位〟から。性エネルギーの〝吸引と送り込み〟をイメージしながら、腰は静止状態か、もしくはゆっくりと動かす。イキそうになったら直ちに腰の動きを止めて、「1秒で吸って7秒で吐く」呼吸法でイク気を鎮め、再び5秒間隔の吸引と送り込みのイメージに戻す。対面上体立位で5分間頑張れたら、次は〝対面座位〟に移行して同じ要領で5分、その次は〝抱え騎乗位〟で5分。計15分のハードルをクリアできた頃には、今までの「入れたらすぐに爆発しそうな」感覚とは、まったく別の感覚を覚えるはず。念願の早漏克服は、もう目の前です。

映画や
遊園地よりも楽しく、
温泉よりも
癒されるもの。
それが
スローセックスです。

第六章

セックス学校の扉をたたいた人々

「セックススクールadam」ってどんなところ？

まず、当スクールの受講内容ですが、〝単独男性への性技指導〟、〝EDや不感症など、セックス全般のカウンセリング〟、〝カップルのためのセックスカウンセリング〟、〝カップルのための性技指導〟の主に4つのコースに分かれています。受講生の男女比は、約7対3。セックスの悩みは本当に人それぞれですが、セックスのテクニックを学びたい男性と、不感症に悩む女性で過半数を占めています。まさに日本のセックスの現状を反映しているのでしょう。受講生の皆さんに話をうかがうと、「来る前は相当に悩みました」という方がほとんどです。興味は持っても、なんといっても前例のない世界初の学校ですから、「いかがわしい場所だったら？」とためらわれるんですね。でも、いざ意を決して受講された方々は、皆さん、セックスに明るく真面目に取り組んでいる当スクールの実態を知って安心され、心から喜び、感謝してくださいます。

3年前の開校時の反響は私の想像以上でした。当時はHP以外に宣伝らしいことは何もしていなかったにもかかわらず、あっという間に予約は3ヵ月待ちの状態になったのです。当初は、私が唯一の先生として孤軍奮闘していましたが、このままでは私を頼って来られる方々の期待に応えられないと、2年ほど前から女性のセックスセラピストの育成にも乗り出しました。今はで10名以上の頼もしい女性スタッフに囲まれて、全力投球している毎日です。

では、当スクールの卒業生たちの一例をこれから紹介しましょう。

▼可南子さん（仮名・32歳・主婦）の場合

「お前、不感症じゃねえの？」性交痛に悩む彼女を追い込んだ、夫の心ないひと言

不自然な笑顔は、うつ病を隠すための自己防衛手段だった

可南子さん（仮名・32歳・主婦）が、不感症セラピーの受講のために、スクールを初めて訪れたのは、昨夏のことでした。女優の菅野美穂さんをさらにおしとやかにしたような上品な顔立ちは、実年齢よりも5歳は若く見えました。

「はじめまして。よろしくお願いします」

初夏のさわやかな風が吹き抜けるような笑顔に、私は「オヤッ？」と、何か引っかかるものを感じました。

というのも、女性受講生たちの多くは、誰にも言えない性の悩みを抱えています。社交辞令的な笑顔があったとしても、緊張と不安でこわばっています。彼女の明るすぎる笑顔に、私のセンサーは得体の知れない不自然さを感じ取ったのです。

私は、異常を感知しながらも、花が咲いたような笑顔に油断していました。そして案の定、不覚を取ってしまったのです。彼女をリラックスさせようと、会話の途中で彼女の肩に軽く触れた時です。ビクン！という、部屋の空気が凍りつくような衝撃的なリアクションと同時に、ベッドに座っていた彼女の上体は、硬直したまま真後ろに倒れてしまったのです。

彼女は、重度のうつ症状に苦しんでいました。笑顔は、うつ症状を周囲に悟られないために、彼女が長い年月をかけて身につけた自己防衛手段だったのです。

まず、不感症とうつ症状の原因を解明しなければなりません。ためらいながらも、少しずつ話してくれた彼女の過去をつなぎ合わせると、次のようなものでした。

「私は、18歳の時に、当時30歳の男性と初体験をしました。でも、ちゃんとセックスができたのは、初めてホテルに行ったときから3ヵ月後。その間、10回以上はトライしましたが、挿入の時のあまりの痛さに、結局3ヵ月もかかってしまったのです。初体験の後も、何回セックスを重ねても、痛みは消えませんでした」

実はここまでなら、それほど特別なことではありません。性交痛に悩む女性は少なくないからです。しかしこの後、衝撃的な事実が判明します。彼女が5年前に結婚した相手が、初体験の男性なのです。彼女は、14年もの長きにわたって、ひとりの男性との痛いだけのセックスに耐えてきたのです。普通ならセックスレスになっておかしくない状況ですが、夜の営みは、「人一倍性欲が強い夫」の要求に応える形で、結婚後も週1以上のペースで続いているといいます。拒絶しなかった理由を、「家庭を壊したくなかった」と話してくれました。彼女と同じ理由でセックスを拒めない女性はたくさんいます。今の世の中、「別にセッ

クスしなくても私たち仲良しだから」と、セックスはなかったことにすることが、表面的な夫婦円満を保つ秘訣と考えている夫婦も少なくありません。結果はともかく、彼女は、逃げずに向き合い続けたのです。

初めて味わう超ソフトタッチが、瑞々しい性感を蘇らせた！

もしも、痛すぎる処女喪失体験の性的トラウマによる不感症だけなら、彼女は重度のうつにはなっていなかったかもしれません。うつ症状の発症は、夫の心ないひと言が引き金となっていたのです。

「お前、なんか最近、感度が悪くない？」

肉体的苦痛と精神的苦痛のダブルパンチは、彼女を死の淵に追い込みました。

「駅のホームに立っていると、時々、本気でカラダを投げ出してしまいたい衝動に駆られることがあるんです」

彼女になんとか自殺を思いとどまらせたのは、「感じないまま死ぬのはイヤ」という、奇しくも彼女のカラダが潜在的に感じ取っていた性の可能性でした。

了解を得て、施術を開始しました。

ベッドにうつぶせになった彼女に、添い寝の体勢で、性エネルギーの発電所である腰（仙骨）を丹念にパームタッチ（手のひら全体による愛撫）していきます。腰から背中、そしてまた腰に戻ってという要領で、ゆっくりと時間をかけて彼女の心がほぐれるのを待ちます。やがて、彼女の表情が柔らかく緩んだのを確認して、いよいよアダムタッチに切り替えました。普通ならば、ほとんどの女性がこの段階で官能状態に入って、身をよじらせます。しかし、14年間暗闇をさまよっていた〝性感脳〟は、アダムタッチをもってしても、簡単には眠りから覚めてはくれませんでした。リラックスから興奮モードへの移行がスムーズにいかないのです。しかし、ここで焦ってはいけません。男性の焦りや、はやる気持ち、つまり男性の緊張は、指先から女性のカラダに伝染して、リラックスモードを緊張モードに逆行させてしまうからです。私は彼女をハグしながら、お尻の割れ目から手を回して、小陰唇、そしてクリトリスを優しく超ソフトタッチで愛撫しました。

「なんだかいつもと違います。全然、痛くないし、あ、カラダが熱くなってきて……、先生、アフッ、アア〜ン」

思ったとおり、彼女は不感症ではありませんでした。ソフトな愛撫によってずっと放置されていた性感は蘇り、少女のような可愛らしい喘《あえ》ぎ声を漏らして、細いカラダを激しく震わせます。コンパクトサイズながらブ厚い小陰唇が淫猥《いんわい》な裂け目からは、透明な粘液が溢れ出し、シーツに大きなシミを作っていました。

予感を感じてアナル愛撫……。そこが彼女の淫乱スイッチ！

お尻への愛戯中、小ぶりなキュンと引き締まったお尻を高々と持ち上げて求めてくる彼女に、私はある予感を覚えて、〝アナルへの愛撫〟を試すことにしました。アナルは乳首よりも高感度な性感帯です。そしてタブーな場所だけに、その攻略は、性感脳のポテンシャルを一気に開花させる威力を持っています。ただ、一度でも拒絶されるとその瞬間にアウトという非常にリスキーな場所でもあります。事は慎重に運ばなければいけません。私は、プロのプライドをかけて臨みました。お尻の側面からお尻の頂点へ、そしてお尻の谷間へ、徐々に徐々に愛撫を進めます。そして核心へ。予感どおり、アナルが彼女の淫乱スイッチで

した。
「ちょっと恥ずかしい……」と、小さな抵抗を見せていた彼女が、中指を挿入した途端、アギェーッとこの世のものとは思えない絶叫を発して、「イイッ、先生、スゴイッ、もっと、もっと奥まで〜」と、私がベッドから落ちてしまいそうなくらいの物凄い力で、身をよじらせます。彼女は、うつぶせのまま、自分で自分の胸を力いっぱい揉みしだきながら、初めての絶頂をアナルで経験したのです。

夫の裏切りが原因で、出会い系で不特定多数の男性50人以上と！

後日彼女は、夫と一緒に再度スクールを訪れました。夫にも正しいセックステクニックを覚えてもらわなければ、問題の解決にはならないと思ったからです。最初は愛撫が強すぎた彼も、2時間の講習でなんとか及第点が出せるまでにアダムタッチをマスターしてくれました。仲睦まじく照れ笑いを浮かべるふたりを見送りながら、私は、ひと仕事終えた充実感に浸ったものでした。が、事はこれでは終わらなかったのです。

それからひと月ほど経ったある日のことでした。彼女が泣きながら電話してきました。

「先生、夫が一度もアダムタッチをしてくれません。結局、何も変わらなかったんです。私、もう限界です」

これは彼女にとって最悪の裏切り行為でした。その直後、彼女は、信じられない行動に走りました。優しい男を出会い系サイトに求めたのです。お金を要求しない若くて美しい人妻に、男たちは群がりました。そして彼女は2ヵ月足らずの間に、50人以上もの男性と関係を持ちました。一日に3人の男性とセックスしたこともあったそうです。しかし、肉欲に飢えた男たちの中に、彼女に愛を与えてくれる男はついに現れませんでした。

時には、「男に殴られた」と、顔を腫らして私に救いを求めてくる彼女を、私は〝愛〟という言葉を数え切れないくらい使って懸命に諭しました。

あれから約1年。彼女は、夫と別れて、その後、あるサークルで知り合った男性と、婚約したそうです。

「今の彼は、とても優しく愛してくれます。先生ほどじゃないけどね（笑）。もう、死にたいなんて言わないから安心して」

セックスは気持ちいいものです。こんな当たり前のことができないで、一体何を愛というのでしょう？　男性の皆さんも、女性の皆さんも、この機会に、自分のセックスを見つめ直してください。

ひとつだけ言えることは、愛という言葉で、セックスから逃げていては、決して本当の愛は見つけられないということです。

※現在、単独女性への指導はカウンセリングのみを受け付けております。

▼平井雄二さん（仮名・35歳・出版社勤務）と
金子祐介さん（仮名・29歳・銀行勤務）の場合

自称テクニシャンvs.童貞
勘違いした〝オレ流男〟と
チェリーボーイ。
上達するのはどっち!?

テクニック以前に、〝性感脳を開く〟という概念の理解が大切

一般男性は、セックスにおいてとかくテクニックを気にします。しかし、女性が感じないという事態に直面すると、「感度が悪いんじゃない？」と、女性のカラダのせいにします。女性もまた「私のカラダが普通じゃないから？」と、自分が原因だと思い悩んでしまうのです。

女性の解放を求めて闘ったフランスの作家・ボーヴォワールは、〝女体でもっともエロティックな器官は頭脳である〟と喝破《かっぱ》しました。これは女性の性のメカニズムを根源的にとらえた金言です。女性を感じさせるには、テクニック以前に、刺激を快感に転換する〝性感脳〟をいかに開くかが最重要。この知識が、男性に欠落していることが問題です。

当スクールの性技指導コースを受講されるという男性は、大きく2種類のタイプに分けられます。やはり過半数を占めるのは、女性経験が少なく、テクニックに自信がない男性。一方は、女性経験も豊富で、セックスにも自信があり、さらに自分のテクニックに磨きをかけたいという男性です。

ここでは、テクニックに対する自信の有無でわかれる2タイプの男性を比較して、彼らが当スクールで何を経験し何を学び、どう変わったかをレポートします。

「この指で風俗嬢を300人イカせた」と豪語するのだが……

「けっこう指テクには自信があるんですよ」と、私の前で、人差し指と中指を烈しく小刻みに交差させるのは、某男性誌編集者の平井雄二さん（仮名・35歳）。カラダを張った取材が身上だとかで、この10年の間に仕事で突撃した風俗店はなんと300店。

「ね、メチャクチャ速いでしょ。これで何人も風俗嬢をイカせてきましたから」

と、自信満々にデモンストレーションしてみせる彼も、奥さんの話になるとシュン。聞けば奥さんがクリトリス愛撫を痛がって、セックスレス危機だとか。

「僕は、妻が敏感すぎるせいだと分析してるんですけどね」

敏感な妻をイカせられない自称テクニシャンという奇妙な話に苦笑をこらえつつ、初級者コースを受講してもらうことに。ちなみに、この時モデルを務めてくれたSちゃんは、3ヵ月前に、「オナニーしても何も感じないんです」と泣きながら不感症

セラピーを受けに来た女性。お花屋さんでアルバイトをしている、石田ゆり子似の小柄で男好きするタイプの女のコ。「何度もセラピーを受講するお金がない」というので、モデルになることをおすすめしたのです。その甲斐あって、今では乳首の愛撫だけで何度もイッてしまう超高感度体質に変貌。なおも進化を続ける24歳です。私はあえて、この情報を伏せて、まずは彼のお手並みを拝見することにしました。

実は、彼とはアダムタッチに関する取材を通じて知り合っただけに、アダムタッチはそつなくこなします。5本の指先がバラバラにならないように気をつけながら、ゆっくりと指を滑らしていく。肌と指先とのソフトなタッチ圧も及第点。豊富な風俗取材歴のなせる業か、飲み込みが早い。

自信満々に繰り出した高速指技に、女性は「痛い!」と悲鳴

「あふぅん。先生、この人とっても上手ぅ」

でき立てホヤホヤの日焼けビキニ跡が、透き通るような肌の白さをより強調する桃尻を右に左にいやらしく揺すって実況報告してくれるSちゃん。

「アダムタッチってすごいっすね」

と、彼もすっかり上機嫌。私が開発したテクニックは、例え覚えたてであっても切れ味鋭いナイフの威力を持つのです。

「アァアァアッアァアッ」

小刻みな痙攣《けいれん》に伴うビブラートのかかった喘《あえ》ぎ声。彼も、じれったいほどスローな指の運びが起こす奇跡の反応が、楽しくてしかたないといった感じ。

しかし、満面の笑みもそこまででした。クリトリスの愛撫に移行した途端、彼女が発した言葉は、「やめて、痛い痛いっ!」。

彼が、夢の世界から厳しい現実に引き戻された瞬間でした。エロティックに官能するモデルの姿に気をよくした彼は、彼女の脚を左右にガバッと広げると、いきなり先ほど見せた超高速指技をクリトリスに繰り出したのです。今の今まで官能の上昇気流に乗っていた天然敏感女性から突如下された審判は、自称テクニシャンの彼にとって衝撃だったようです。そして初めて、奥さんがクリトリス愛撫を痛がったのは、敏感すぎるからではなく、自分の愛撫が強すぎたことを悟ったのです。青ざめた顔で私に救いを求める彼に、私は、彼に〝正しいクリトリスの愛撫法〟を指南しました。

さて再チャレンジ。彼は実に優秀な生徒でした。私の手本どおり、努めて微細で微弱な刺激を実践しました。

「痛くない?大丈夫?」

「うん。でも、もっとソフトでいいかも」

「えっ、もっと？　じゃあコレくらい？」

「そんな感じ。とっても気持ちいいよ」

　セックス中の会話は〝ジラケる〟と思い込んでいる男性が多いのですが、言葉のキャッチボールが、女性をリラックスさせ、性感ルートを開く道筋となるのです。私は、彼に、〝イク〟と〝感じる〟は別物という性メカニズムも、徹底指導しました。

　その後、彼は奥さんをみごとイカせることに成功。円満な夫婦生活を送っていらっしゃいます。

　一方、「恥ずかしながら、ボクは今まで女性経験が一度もありません」。

　自信のないタイプ代表は、生真面目を絵に描いたような銀行マンの金子祐介さん（仮名・29歳）。決して外見的にはモテないタイプではないのですが、内向的な性格がたたって29年間も童貞を守り続けることに。その負い目と、セックスへの自信のなさで、恋愛はもちろん、女性の多い今の職場でも、仕事に積極的になれないと言います。

女性経験が少ない男性のほうが、技術習得が早いこともある

　アダムタッチの基本を学んだ彼は、私にうに聞いてきました。

「エッ、これで終わりですか？」と不満そうに聞いてきました。マジシャン的な指使いを連想していた彼には、シンプルさが拍子抜けだったのでしょう。しかし案の定、彼はアダムタッチの習得に悪戦苦闘しました。均等に揃えておかなくてはならない5本の指先はバラバラ、スピードも速くなったり遅くなったり、タッチ圧も不均等です。私の時は、官能的に身をくねらせていたモデルさんが、彼にバトンタッチした途端、シーンとしてしまう残酷な現実に、彼はすっかり意気消沈してしまいました。経験不足による自信のなさと、〝テクニシャン＝指先の魔術師〟的な間違った先入観のダブルパンチが、習得の邪魔をするのです。

　私は実技講習を中断して、女性の性感のメカニズムをみっちりレクチャーしました。するとどうでしょうか。実技を再開すると、彼はすぐに間違いを修正しました。

　〝自称テクニシャンも童貞も、どんぐりの背比べ〟というのは、当スクールでは常識なのですが、実は、経験豊富な男性よりも、彼のような初心者の方が、自己流が身に付いていないぶん、理論さえわかれば上達が早いことが多いのです。

　最初こそつまずいたものの、それ以降は、真綿が水を吸い込むように、次々とアダムテクニックをマスターしていきました。

「ア～ン、すっごい気持ちいいよ。本当は童貞だなんてウソでしょ」

　モデルさんからも最大級の褒め言葉を頂戴して、メキメキと腕を上げていきます。女性の褒め言葉は男をテクニシャンに変える魔法の呪文なのです。

　奥義を会得して意気揚々と帰っていった彼から、つい先日、メールが届きました。

「先生、実は今、彼女が2人いるんですけど、2人ともカラダの相性が抜群で……。どうしたらいいと思います？」

　まさに一発大逆転。

　ボーヴォワールはこうも言っています。

　〝人は女に生まれるのではない、女になるのだ〟と。同感です。女性が、セックスの本当の悦びを享受できる成熟した女性になるためには、まず男性が、セックスは脳でするものだという当たり前のことを実感しなければならないのです

誰にも聞けない悩みにお答えします！

アダム徳永のこちらセックス相談室

女性からの質問編

Q&A

Q 数年前からセックスレスで、とてもスローセックスに憧れます。夫をセックスにいざなうにはどうすればいいですか？

北村江里子さん（仮名）・43歳

A 居間など、旦那様の目の留まる場所に、さりげなく本書を置いてみては？　まんざら冗談ではありません。実際、私の書籍をうっかり置き忘れたことがきっかけで、夫婦間でセックスのことが話題にのぼるようになり、セックス熱が再燃したご夫婦が何組もいらっしゃるんです。夫婦の会話にセックスの話題が含まれることは、生活の中にセックスを置くことをテーゼとするスローセックスの実践にほかなりません。アダムタッチをスキンシップとして採用してください。日常的に相手のカラダにそっと優しく触れる行為は、それ自体がスローセックスです。突然、スケスケのネグリジェで、というのは往々にして逆効果。セックスレス脱却も焦らずスローにいきましょう。もちろん、まだ結婚前のカップルでも同じです。

Q オナニーが大好きで、高校生の頃からローターを使っているんですが、なんか最近イキにくくなったみたいで……。何が原因ですか？

山本順子さん（仮名）・24歳

A クリトリスは、超高感度な部分であるだけでなく、〝イク〟ことにもっとも優れた性感帯です。一方、膣は〝イキにくい〟性感帯です。その代わりに膣はクリトリスの〝イク〟では味わえない深い官能を楽しむことができます。このように、ひと口に性感帯といっても、その性質はさまざまです。さて、イキにくくなった原因ですが、それはズバリ、ローターの強烈な刺激にクリトリスが慣れてしまったせいです。簡単に言えば、鈍感になったのです。少しの間、ローターを封印して、愛撫を、自分の指による超ソフトな刺激に戻してください。そして、最低でも15分以上は時間をかけること。淡い気持ち良さをたっぷり楽しむことで、クリトリスは本来のみずみずしい感度を取り戻しますよ。

誰にも聞けない悩みにお答えします！

アダム徳永のこちらセックス相談室

男性からの質問編

Q&A

Q　AVでGスポット愛撫を覚えたのですが、何回トライしても彼女が潮を吹かないんです。どうすれば潮を吹かせられますか？

諸岡信吾さん（仮名）・25歳

A　まず、見よう見まねの自己流は絶対にやめてください。ＡＶ男優の激しい指の動きから、つい一般男性は、膣内を指先でかき出すような動きをイメージしてしまいますが、少しでも爪が伸びていれば、彼女の膣内を傷つけてしまうため、とても危険です。そもそも、私は、これまで一度も潮を吹かせようなどと思ってGスポット愛撫をしたことはありません。それは、潮は男性が強制的に吹かせるものではなく、ある一定の条件を満たした時に女性が自然と吹くものだからです。そして、自然に潮を吹く、いわゆる天然潮吹き体質の持ち主は、１００人中2～3人なのです。好奇心は大切ですが、単なる興味本位で女性のカラダを扱う男性は、セックスする資格なしです。

Q　会社の若い女性といい雰囲気なのですが、"ED気味で体力の衰えを感じる私でも、セックスで満足させられるでしょうか？

柴田隆さん（仮名）・51歳

A　若い女性との火遊びを夢見る中年男性が増える一方で、チャンスを手にしながら、ベッドで恥をかきたくないからと、セックスを躊躇する方が少なくないようです。恐らく、若い頃のように"ギンギンに屹立したペニスでガンガン突く"ことができないことを心配されているのでしょうが、そんなペニス至上主義こそ、今、多くの女性が嫌気をさしているセックスです。そもそも、強烈なピストンを求めるのなら、彼女は若い男性を選ぶはずです。年輪を重ねた男性ならではの余裕と包容力に彼女は惹かれているのです。まさにスローセックス適齢期だと捉えて、元気なペニスに頼りっきりの若い男性には到達不能の深い官能を、彼女に味わわせてあげてください。"若い者にはまだまだ負けない"大いに結構！

第七章

セックスをする究極の目的とは

セックスと〃気〃の重要な関係について

スローセックスを実践していただくために、ぜひ知ってほしいことがあります。このことを伝えなければ、画竜点睛《がりょうてんせい》を欠くことになる大切なことです。アダム性理論の根幹をなす重要なこと、それがセックスと〃気〃の重要な関係についてです。突然、〃気〃という言葉が出てきて戸惑われるかもしれませんね。でも、これまではあえて〃気〃という言葉を使わなかっただけで、実は、〃性エネルギー〃という言葉に置き換えて、私はずっと〃気〃の話をしてきたのです。

〃気〃というと、気功術を連想される方が多いと思います。達人の気合もろとも、弟子たちが後ろに倒れたり吹っ飛んだりするアレです。一般常識では信じられませんよね。これまで、できる限り性科学的な視点から、もっと気持ちいいセックスができるようになるための理論を展開してきた私が、まさか、今さらスピリチュアルな話を始めるなんてと思われるかもしれませんが、竜の絵に入れる最後の目は、そのまさかです。既存の非常識なセックスを常識だと思い込んでいた頭のままで〃気〃の話をしても、理解していただけないことを考慮して、今まで〃気〃という言葉を出すことを控えてきました。しかしここまでくれば、きっとジャンクセックスの毒も半分くらいは抜けていることでしょう。そう信じて、満を持してお話しします。

カラダとココロを〝気〟が結ぶ

まず真実を言います。それは、セックスの真髄は、〝気（性エネルギー）の交流〟にあるということです。セックスの快感の要素とは、ペニスのピストン運動に代表される単なる肉と肉のぶつかりあいだけではありません。スキンとスキンの摩擦だけではなく、男性が持っている〝プラスの気〟と、女性が持っている〝マイナスの気〟を、互いのカラダに交流させることで、互いの性エネルギーは増幅され、その総和に比例して快感が高まり、プラスとマイナスの気が混ざり合い、熟成されることで官能が深まっていくのです。これこそが、セックスの醍醐味なのです。

精神的な満足度が肉体的な快感度を大きく左右する、という言い方をすれば、誰もが納得していただけるでしょう。ものすごく簡単な言葉を使えば、本書でいう〝気〟とは、〝異性を愛する気持ち〟のことです。気持ちいいセックスができないのは、愛が足りないことが原因のすべてではありません。そもそも肉欲と愛欲が同次元のモノであれば、愛し合うもの同士のセックスは常に気持ちいいはずです。でも現実はそうではない場合も多いですよね。「愛しているのに、気持ち良くないセックス」に欠けているのは、愛ではなく、〝愛する気〟です。〝気〟とは、これまで〝性エネルギー〟という言葉で説明してきたように、それ自体がエネルギー体であり、同時に、気持ち良くなりたい心と、気持ち良くなりたいカラダをピタッと結びつけるための媒体でもあるのです。そして、この〝気〟は本来誰しも持っているものなのです。大丈夫、一緒に育てていきましょう。

〝気〟持ちいいセックスは、〝気〟配りにかかっている

あなたの頭がこんがらかる前に、気持ちいいセックスをするために心掛けるべきことを、わかりやすい日本語で説明しましょう。それは相手への〝気配り〟です。例えばアダムタッチひとつとっても、テクニカルなことしか頭にないアダムタッチと、相手のことを考えて、文字どおり〝気〟を配ったアダムタッチでは、受け手の印象はまったく違うものになります。つまり、相手を気持ち良くさせてあげたいという「〝気〟持ち」が、まさに〝気のエネルギー〟であり、「〝気〟配り」は、〝気のコントロール〟なのです。そして今私が書いたことを実行するうえで、〝気の概念〟を理解している人と、そうでない人とでは、雲泥の差が出るということなのです。さらに、男女のどちらか一方だけが気を意識しているカップルよりも、男女どちらもが気を意識できるカップルのほうが気のパワーが強くなって、理想のセックスに近づけることは言うまでもありません。

〝気〟の存在を信じることからはじめましょう

気のことをまったく知らない二人よりも、気のことを知っている二人のほうが、なんとなく気持ちいいセックスができそうかな、くらいの理解はしていただけたのではないでしょうか。

では、こんな事例はいかがでしょうか？　あなたが男性なら、交接のとき、ペニスをまったく動かしていないのにイキそうになったことはありませんか？　あなたが女性なら、好きな男性が

近くにいるだけで濡れてしまったことはありませんか？　どちらの場合も、スキンとスキンの摩擦ではない何かによって、肉体に性的な変化が起きています。その何かが、気のパワーなのです。〝気〟は目には見えません。けれども、見えないだけで、森羅万象《しんらばんしょう》の原理原則として、男女の自然の摂理として確かに存在しているのです。この法則は誰も覆すことはできません。

セックスの相性がいい異性との関係のことを、「肌が合う」といいます。これは何も皮膚と皮膚の相性がいいというわけではありません。気の波長が合っているのです。「気が合う」から、無意識のうちに、〝気の交流〟という気持ちいいセックスをするための必要十分条件が満たされ、気持ちいいセックスができているのです。それを意識的に行うのが、スローセックスなのです。

〝気〟が合えば、みんなハッピーに！

パートナーと「気の合う二人」というハッピーな関係になるためにとても大切なことは、相手を認めてあげるということです。それはつまり、自分を相手に押し付けるのではなく、男性と女性の性の違いを理解して認め合うということです。男と女はそもそも違う生き物であることがわかれば、「女の考えていることはわからない」「男ってだけでエラそうにして、ムカツク」といった不毛な衝突は激減します。自分とは違う相手だからこそ相手に興味がわくという、本来の自然な男女間の磁場に回帰できるのです。気の合う二人から、気の合う仲間たちへ。どんどん気の交流を広げて、楽しい人生を、自分の気のパワーで切り開いていってください。

おわりに

本書を読み終えた瞬間から、あなたは「何もしなかった」今までから、「何かしてみる」新しい自分に変わっているはずです。きっと早く試してみたくてうずうずしていることでしょう。とてもいい兆候です。どのテクニックからでも構いません、どうぞ試してみてください。

その時のあなたに、私からアドバイスがあります。それは、今の新鮮な気持ちを忘れずに、いつまでもセックスのテーマに〝創意工夫と試行錯誤〟を掲げ続けてくださいということです。本書はテクニック論が主体であり、またセックス初級の方に手にとっていただきやすいように、マニュアルという言葉をタイトルに使いました。もちろん、あなたのセックスを気持ちいいものにする便利な本として活用していただくことは私の本望なのですが、愛の技術向上が、マニュアルの範疇《はんちゅう》でとどまってしまうことは、私の真意ではありません。科学技術の進歩によって私たちの生活は、ほんの10年前と比べても驚くほど便利で快適になりました。人類という大きな枠組みで見れば、これはまさに〝創意工夫と試行錯誤〟という人間の英知の賜物《たまもの》でしょう。しかし角度を変えて見たとき、ひと握りの頭脳が生み出した便利な装置は、それ以外のほとんどすべての人間の脳を、ある意味では機能停止状態にさせてしまっているのではないかと心配するのです。

私のセックステクニックは、完璧に近いはず。しかし完璧であるからといって、テクニックと引き換えに、愛する異性への思いやり、気配り、大切に思う気持ちを失っては本末転倒です。どうすればもっと相手を気持ち良くすることができるか？　どうすればもっと相手を大切にできるか？　そういった自分以外の誰かを愛することの喜びと素晴らしさを知ること、さらに言えば、現代人がどこかに忘れてきてしまった、人間本来の豊かで瑞々《みずみず》しい心とカラダを再生させるためのバイブルとしての役割を担うことができればと思い、魂を込めて執筆したのが本書です。

愛する異性を今よりも愛せるようになるための究極の術、それは〝会話〟です。「話せばわかる」という言葉がありますが、世の中は話せばわかることだらけです。そして日本人のセックスに一番足りないもの、それが会話なのです。日本は、〝セックス先進国〟であるフランスなどと比べ、公の場でセックスの話をすることはまだまだタブーであり、平気でセックスの話をする人は、〝非常識で低俗な人間〟として扱われることも多いですよね。では、愛し合う男女が私的にセックスの話をすることも、非常識で低俗なのでしょうか？　その逆です。どんなに世の中が多様化しようとも、世の中には男性と女性という2つの性しか存在しません。セックスレスなどといった、つまらない人生をこの先過ごさないためにも、パートナーといっぱい会話してください。ベッドの上だけではなく、日常生活にセックスを溶け込ませること、それがスローセックスなのですから。

本書が、愛し合う男女の会話のきっかけになることを、切に願います。

アダム徳永

アダム徳永

あだむ・とくなが／名古屋芸術大学卒業後、渡米。イラストレーターとして活躍する傍ら、1988年、ロサンゼルス市が発給するマッサージテクニシャンの資格を取得。人体の神秘に魅せられる。帰国後の 1991年、「M&W オーガズム研究所」を創設。14 年の歳月と、1000人以上の女性とのフィールドワークを経て、最高のエクスタシーが得られる新技法・アダム性理論を確立。超ソフトタッチでたゆたうように愛撫していくそのスタイルを、〝スローセックス〟と命名。スローセックスの生みの親となる。2004 年、東京六本木に、日本初、世界にも類を見ないスローセックスを教える学校、「セックススクール adam」を設立。予約3ヵ月待ちの人気に。誤解だらけのセックスの仕方と、男女の幸せをサポートするべく、スローセックスの啓蒙に従事。海外メディアからの取材依頼も多い。

著書『スローセックス実践入門――真実の愛を育むために』（講談社）が 20 万部を超えるベストセラーに。また、リック西尾名義で英語、英会話の教則本を執筆。『右脳英語速習 意外と言えない日常動作表現』（講談社）など、20 冊以上を上梓している。

◎『セックススクール adam』では、さまざまな性の悩みに対応したセックスカウンセリングをはじめ、 性技指導などを行っております。
http://www.adam-tokunaga.com/

実践《じっせん》イラスト版《ばん》 スローセックス 完全《かんぜん》マニュアル

アダム徳永《とくなが》

2007年 7月 3日 第1刷発行
2007年12月21日 第8刷発行

発行者・・・野間佐和子

発行所・・・株式会社 講談社
〒112-8001 東京都文京区音羽2-12-21
編集部 03-5395-3474
販売部 03-5395-3622
業務部 03-5395-3615

装幀・・・門田耕侍（SPRAY）

編集／構成・・・高橋 尚、廣田晋也

イラスト・・・岡村透子

印刷所・・・図書印刷株式会社

製本所・・・株式会社国宝社

Printed in Japan ISBN978-4-06-214087-4